JN000343

政治思想と啓蒙

その光と影

和田泰一
高山裕二……編
WADA Taichi, TAKAYAMA Yuji

ナカニシヤ出版

まえがき

和田泰一

本書は、古代から現在までの政治思想と啓蒙についての諸論考を集成したものである。

そもそも啓蒙という言葉は、どのような意味を持っているのだろうか。また現在の私たちが啓蒙について問い直さねばならない理由とは何なのだろうか。

『岩波哲学・思想辞典』によれば、啓蒙は、「いっさいを理性の光に照らして見ることで、旧弊を打破し、公正な社会を作ろうとした、主として18世紀に展開した知的運動」［廣松渉他編 一九九八：四二三］と定義されている。しかし啓蒙は、①歴史的・地理的範囲、②意味内容の多様性・両義性という二つの争点をめぐり、多くの研究者たちによって議論されてきた。

まず啓蒙はフランス語ではLumières、ドイツ語ではAufklärungと表現されたが、双方ともに、理性の光で闇を照らすことによって人々を迷信や誤謬から救い出し、自然と社会の諸現象を解明しようとする知的運動を意味していた。さらにまた、学問や文芸、習俗、ヒューマニズムをより進歩させて、人類に安寧と繁栄をもたらすことをも射程に入れていた。だがヴォルテール、ディドロ、ルソー、カントと連なる仏独の啓蒙思想家たちの活躍に鑑みると、啓蒙は、十八世紀ヨーロッパという特定の時期・地域の哲学的動向と理解される傾向が顕著であった。そうした啓蒙の限定的解釈の定着に大きな役割を果たしたのがカッシーラーの研究であり、彼は、経験と事実の観察に基づくニュートンの解析の方法によって真の原理や体系を発見しようとする一八世紀ヨーロッパの哲学的動向に啓蒙の精神の心髄を見出した［Cassirer 2003＝二〇〇三］。またゲイも偉大なフィロゾフ（哲学者）の系列をなぞりつつ、人々の合理的活動を停滞させる迷信や神秘主義、禁欲主義を否定し、人類の幸福や社会変革の実現のために理性や自由、進歩、人間愛を積極的に活用する自由の科学として啓蒙を位置づけた［Gay 1996＝一九八二－一九八六］。二十世紀後半には、それまで注目されることが少なかったヒューム、アダム・スミスなどのスコットランド啓蒙の思想家たちに注目が集まり、古代ローマの共和制を模範とするシヴィック・ヒューマニズム（市民的人文主義）のような政治的諸概念が論じられた。啓蒙研究の地理的範囲は次第にヨーロッパ各地に拡大したが、過去の啓蒙研究の焦点は、十八世紀ヨーロッパの知的運動という歴史的・地理的コンテクストの範囲に限定される傾向にあったと言えよう。

だが二十世紀中頃以降、民主主義と対立する全体主義の勃興や、科学技術の発展に反比例するように生じた環境破壊など、啓蒙の影とも言うべきその負の側面が問題視されるにつれて、啓蒙の意味内容はますます多様で両義的なものになった。フランクフルト学派の第一世代であるホルクハイマーとアドルノによれば物語の象徴的秩序の中に自然の事物・現象を組み込もうとする古代の神話はすでに啓蒙そのものであり、理性によって自然支配を遂行しようとする人間主体の原始的な姿であった［Horkheimer and Adorno 1988＝二〇〇七］。そして啓蒙の理性による自然支配は人間の外的・内的自然支配へとつながるものであり、二十世紀において文化産業による人間支配や反ユダヤ主義による抑圧として現われたのだった。またウートラムは、啓蒙が地理上の発見や植民地主義、奴隷制と関与したときの両義性を明らかにし、啓蒙は、交流・貿易の促進、普遍的な人間性といった肯定的な部分を伝播しつつも、非ヨーロッパ世界の荒廃や奴隷の人権無視といった否定的な部分を曖昧なままに残したと主張した［Outram 2013＝二〇一七］。またイスラエルは、理性と伝統との均衡を保って現状を維持するだけの穏健な啓蒙に対して、民主主義的な自由・平等を実現するための社会改革を実践しようとする急進的な啓蒙を対置するという啓蒙の斬新な区別を試みた［Israel 2010＝二〇一七］。こうしたバラエティに富む啓蒙研究に鑑みれば、佐藤正志が論じたように、啓蒙は歴史的・地理的に拡大解釈されたという点では複数であるが、また同時に、自由／服従、進歩／堕落の間で揺れ動くという点では両義的であり、ますます多様で複雑な概念になったと言えよう［佐藤正志 二〇〇九：一ー二二］。

さらにＩＴやグローバリゼーションが発達した現代では、ポピュリズムや反知性主義、陰謀論が容易に広まったり、自分たちが信じたい言説・意見だけを盲目的に信じるエコーチェンバー現象が現われたりするなど、啓蒙の影の部分がますますクローズアップされてきている。また特定の政治家やプロパガンダによって人種差別的・反知性主義的な言説がさかんに垂れ流され、人々の間で政治的・人種的断絶が拡大するだけでなく、啓蒙のさまざまな成果までもが否定されるという反啓蒙的な現象も見出される。例えば、特定の国からの移民を厳しく制限して人種的・文化的憎悪をかきたてること、フェイク・ニュースとレッテルを貼って自分たちに不都合な情報・意見の流通を妨害すること、地球温暖化やCOVID-19に対する国際的な取り組みを陰謀論として否定すること、選挙での不正を訴えて自分たちの陣営の敗北を受け入れないこと（もちろん実際に不正があり、公正な選挙が行なわれないこともある）、国際法や集団安全保障を無視して他国に軍事侵攻することなど、枚挙にいとまがない。普遍的な人間性、基本的人権、公的空間での自由な議論、理性的な社会変革、公正な選挙、国際的リベラリズムといった啓蒙のさまざまな果実でさえ危機に瀕している。

本書は、論理と秩序を欠きつつあるこの現代において、その複数性や両義性、反啓蒙を考慮しつつ、政治思想における啓蒙の光と影双方の部分をあらためて検証するものである。理性を用いて啓蒙を深く考察する機会を読者に提供できれば幸いである。

▩参考文献

佐藤正志編（二〇〇九）『啓蒙と政治』早稲田大学出版部。

廣松渉・子安宣邦・三島憲一・宮本久雄・佐々木力・野家啓一・末木文美士編（一九九八）『岩波哲学・思想辞典』岩波書店。

Cassirer, E.（2003）*Die Philosophie der Aufklärung*, Text und Anmerkungen bearbeitet von Claus Rosenkranz, Gesammelte Werke, Hamburger Ausgabe, Bd. 15, Hamburg: F. Meiner Verlag.（エルンスト・カッシーラー『啓蒙主義の哲学』全二巻、中野好之訳、ちくま学芸文庫、二〇〇三年）

Gay, P.（1996）*The Enlightenment: An Interpretation, vol. 2, The Science of Freedom*, revised edition, New York: W. W. Norton & Company.（ピーター・ゲイ『自由の科学――ヨーロッパ啓蒙思想の社会史』全二巻、中川久定・鷲見洋一・中川洋子・永見文雄・玉井通和訳、ミネルヴァ書房、一九八二－一九八六年）

Horkheimer, M. and T. W. Adorno.（1988）*Dialektik der Aufklärung: Philosophische Fragmente*, Frankfurt am Main: Fischer Taschenbuch Verlag.（ホルクハイマー／アドルノ『啓蒙の弁証法――哲学的断想』徳永恂訳、岩波文庫、二〇〇七年）

Israel, Jonathan.（2010）*A Revolution of the Mind: Radical Enlightenment and the Intellectual Origins of Modern*

Democracy, Princeton: Princeton University Press.（ジョナサン・イスラエル『精神の革命――急進的啓蒙と近代民主主義の知的起源』森村敏己訳、みすず書房、二〇一七年）
Outram, D.（2013）*The Enlightenment*, Third Edition, Cambridge: Cambridge University Press.（ドリンダ・ウートラム『啓蒙』田中秀夫監訳、逸見修二・吉岡亮訳、法政大学出版局、二〇一七年）

目次

第Ⅱ部　啓蒙の形成

第Ⅲ部　啓蒙への批判

政治思想と啓蒙——その光と影——

第Ⅰ部　啓蒙の萌芽

第1章　啓蒙の源流
――古代ギリシアにおける「知」を考える――

隠岐－須賀麻衣

はじめに

人類はこれまで、言葉を獲得し、文字を発明し、技術を身につけ進歩してきた。それはちょうど、見通しのきかない暗闇から、光によって照らされた世界へと歩みを進めるイメージに重ねられる。人間の手では制御不可能なもの、たとえば自然災害や未知のウイルスを前にすると、われわれは無力感を抱く。この状態から脱するために必要なのは知識と技術である。災害を予見し、ウイルスを撲滅するための専門的知識と、それを可能にする技術である。こうした暗闇からの脱却は、十八世紀のヨーロッパにおいて自覚的に「啓蒙」と呼ばれた。

啓蒙という名称で自覚されることはなかったが、古代ギリシアにおける知的活動もこのようなイメージのもとで捉えることができる。古代ギリシアは、それ以降の時代の思想的基盤を整え、世界を観察するための視座を提供した。しかし古代ギリシアの哲学者は同時に、「知識」と呼ばれるものの不確かさにも気づいていた。その知識は、本当にわれわれを光のもとへ連れ出してくれるのか。むしろわれわれを暗闇のなかに閉じ込めようとする、いずれ消えてしまう儚い炎なのではないか、と。

1　啓蒙思想の先駆者たち

†古代ギリシア啓蒙

啓蒙思想、あるいは啓蒙主義と呼ばれるものは、一般的には十八世紀のヨーロッパを中心地とした思想潮流を指し、紀元前五世紀から前四世紀にかけての古代ギリシアの知的活動を指すわけではない。しかし、この時代に隆盛を極め、現代まで連なる思想的・政治的基盤を生み出した古代ギリシアの知的活動のうちには、十八世紀の啓蒙思想の「源流」と呼べるような要素があった。それゆえ紀元前五世紀は「ギリシアにおける啓蒙の時代」と名づけられ、この時代に興隆した思想は、しばしば「古代ギリシア啓蒙」とも呼ばれる(1)。

古代ギリシアにおける知的活動の担い手として真っ先に思い浮かぶのは、ソクラテス、プラトン、アリストテレスという三大哲学者だろう。自らの手による著作をひとつも残さなかったソクラテスの思想は、主にプラトンを通じて現代でも知ることができる。『ソクラテスの弁明』によれば、ソクラテスは自身の知識を吟味の対象にすると同時に、「知恵がある」と一般的に認められている人々の知識もまた吟味したという。彼らが本当に知識を持っているのか、持っているとすればそれはどのような知識なのかを、ソクラテスは確かめようとした。当時、人々から知識があるとみなされていたのは、政治家や詩人、そして「ソフィスト」と呼ばれる職業的知識人・教育者だった。ソクラテスやプラトンにとっては、彼らは知識に見えるものを所有しているだけの見せかけの知識人だったが、紀元前五世紀の古代ギリシア啓蒙の立役者となったのは、まぎれもなく彼らだった。しばしば「ソクラテス以前」と呼ばれる彼らの時代は、あらゆる知識と哲学的探究を蓄積し、その後の思想が形成される土壌を準備した。

「ソクラテス以前」に分類されてきた哲学者たちは、大きく二つのグループに分けられる。紀元前六世紀初頭から前五世紀後半まで活躍した哲学の創始者たちは、「自然」に関心を寄せた。彼らは、宇宙の生成や自然現象、そして万物の根源を探究した。もうひとつのグループは、紀元前五世紀半ばから前四世紀後半まで活動した人々によって構成される。この時期は、古代ギリシアのポリス・アテナイの社会が目まぐるしく変化した時期である。ペルシア戦争の勃発と勝利、民主政の確立と隆盛、ペロポネソス戦争の勃発と敗北、民主政の廃止と復活。こうした社会状況を背景として登場したのが、「ソフィスト」とのちに呼ばれるようになった職業的知識人・教育者たちである。現在、古代ギリシア啓蒙の時代と言われているのは、このソフィストたちが活躍した時代である。

† 啓蒙主義と古代ギリシア

そもそも、「啓蒙」とは何だろうか。これは本書全体を通して取り組む大きな問いだが、ひとまずR・ポーターという研究者の言葉を借りると、知識と教育と科学を介して人類を無知と誤謬と迷信から解放すること、よりよい未来を希求する新しい空気を吹き込むことだと言える［ポーター 二〇〇四：七］。二千年の時を隔ててはいるが、十八世紀の啓蒙思想家たち、特にその運動の中心地フランスで活躍した「フィロゾフ」は、古代ギリシア世界に批判的な眼差しを向けつつも、当時の哲学者のうちに先駆的な思想の一端も見ていた［Gay 1966: 78-82］。特にソクラテスは、フランスのフィロゾフに限らず、十八世紀ドイツの啓蒙思想家にとっても啓蒙のシンボルのような存在だった。

フィロゾフや啓蒙思想家は確かに、古代ギリシア世界とその哲学者たちを参照した。しかし当時の彼らが知りえたのは、古代ギリシアの思想潮流の一部でしかない。当時の古代についての学問は、現代ほど発展していなかったためである。古典学や古典文献学といった古代世界についての学問が飛躍的に発展するのは、彼らの後の時代、十九世紀に入ってからのことである。この意味で、十八世紀の啓蒙運動を担っていたフィロゾフたちが見出すことができなかった彼らの「源流」は、今たどることに意味があるだろう。

2 「光」を求めて

†プラトンの「洞窟の比喩」

英語の Enlightenment をはじめとして、「啓蒙」を表わすヨーロッパ諸言語の単語は「光」とかかわりを持っている。このイメージの元を遡ると、絶対者（神）から放出される「光」というキリスト教的思想にたどり着く。しかし、啓蒙の直接的な祖先ではないとしても、「光」と「暗闇（影）」の対比は、十八世紀より二千年以上前の古代ギリシア世界でも比喩的に用いられていた。特に、紀元前四世紀に活躍した哲学者プラトンが、政治的対話篇『ポリテイア（国家）』で描き出した「洞窟の比喩」と呼ばれる喩え話は、暗闇から光のもとへという啓蒙の一般的イメージに非常に近い。「光と暗闇（影）」の対比は、古代ギリシアでは神々の世界を描く際に用いられてきたが、プラトンはそれを人間の精神世界へと拡大した。

プラトンの『ポリテイア』第七巻で語られる「洞窟の比喩」は、教育にかんして人間は本来どのようなものであるかを説明するために用いられる［514A-518B］。この比喩によれば、人々は生まれたときから手足を縛られた状態で、暗い洞窟の奥深くに囚われている。首もまた、洞窟の奥壁しか見えないように固定されている。彼らが縛り付けられているのは、洞窟の出口の方と奥壁の間にある壁である。その壁の上方、囚人たちと反対側には火が燃えている。さらにこの洞窟の中には、縛り付けられた囚人以外の人間がいるらしい。その人たちは、囚人たちの壁の後ろで、さまざまな道具や生き物をかたどったものを持って、壁の上に掲げて動かしている。後ろから炎が照らすので、その影が奥壁に映る。簡単に言えば、影絵芝居が行なわれているのだ。ただし、生まれたときからこの状態の囚人たちにとっては、それは芝居ではなく現実である。囚人たちは、奥壁に映し出される影こそが本物だと信じている。

しかし、洞窟の比喩はこれで終わらない。あるときこの洞窟に、囚人でもなければ影絵芝居の作り手でもない誰かが現われる。この誰かは一人の囚人の拘束を解き、手を引いて洞窟の外へと導いてゆく。その道中で囚人はまず、奥壁に照らし出されていたのは影でしかないことを知り、その影は自分の後ろで影絵芝居をしている人と炎が作り出していたことを知る。その後囚人は、急勾配を苦戦して上りながら洞窟の入り口まで進む。ようやく外へ出るが、はじめはあまりの眩しさに目がくらんで何も見えない。しかしやがて目が光に慣れると、影を作り出していた物体は外の世界に存在するものを真似て作っただけだったこと、そして存在するものは太陽という唯一の光源によって初めて認識可能になることを理解する。

†二つの光

洞窟の比喩は、無知蒙昧という暗闇から知識という光のもとへの脱出・解放という、一般的な啓蒙のイメージに合致する。しかしそれだけを理由に、プラトンに、あるいは古代ギリシア世界に啓蒙の源流があったと結論づけることはできない。この比喩に施された仕掛けを見てみると、光（知識）とみなされるものの危うさにプラトンの関心が向けられていることに気づく。

啓蒙思想とのかかわりから、そのイメージの根本にある「光」に注目してみよう。洞窟の比喩のなかでは、二種類の「光」が言及されている。ひとつは太陽である。洞窟の外の世界、すなわち影絵芝居と対照的な現実の世界を照らし出し、解放された囚人が外の世界に存在するものを把握する際に不可欠な光源である。もうひとつは「炎」として洞窟の中に存在する光である。これは、生まれたときから縛られている囚人が眺める、奥壁に映し出される影を作り出すための光源である。これらはどちらも「光」という名で呼ばれているが、その性質と比喩のなかでの役割は大きく異なっている。

まず太陽について考えてみよう。太陽は人間が作り出したわけではなく、自然に存在している。洞窟の比喩の少し前で語られるところによると、太陽は人間に、「見る」という認識機能（すなわち視覚）

を与える。闇夜で怪物に見える大きな影も、陽光に照らされればただの岩だと認識できるようになる。このとき太陽は同時に、見られる対象である物体に「真理性」を与えているのだとプラトンは言う［508CE］。ぼんやりとした大きな影は、白日のもとで初めて岩という真理性を獲得する。

炎や火も類似の機能を持っているが、その性質は異なる。最初は火山や自然火災、落雷によって自然から得られていた火は、人類が進化を遂げるなかで人間によって操られるものとなった。古代ギリシア人たちは、火と人間の付き合いを神話によって説明した。火はもともと最高神ゼウスのもとにあったが、プロメテウスという神がそれをこっそりと人間に分け与えたのだという［アポロドーロス 一九七八：四〇］。火は、自然に由来するとしても、それを灯し続けるためには人間の手が加わらなければならない。この意味で、太陽と火（あるいは炎）という二つの光は、前者が自然の光であるのに対して後者が人為的・人間的な光と言い換えることもできる。

†暗闇の中の人形師

洞窟の比喩のなかでもうひとつ注目すべきは、洞窟の仕組みが維持される方法である。洞窟にはいくつかの仕掛けがあり、そのために囚人はそう簡単に外に出ることができない。囚人は生まれてこの方、炎によって作り出され、奥壁に映し出された影以外のものを見たことがない。それゆえ彼・彼女らは影こそが本物だと思っている。首と足を縛られている囚人たちは、自分たちが見ているものが「影」であると認識していないし、その影のもとになっているものが、実際の道具や生き物ではないことも知らない。影を生み出している光源が炎であって、洞窟の外の太陽とは異なるということについても無知である。そもそも、道具や生き物の実物が存在すること、太陽という自然の光源が存在することなどには思い至らないだろう。思い至らないから、拘束から逃れたいとも思わない。

この洞窟の仕組みを維持するために重要な役割を担っているのが、奥壁に映し出される影である。この影は、二つの要素によって支えられている。ひとつは壁の背後にある炎で、もうひとつは、影のもととなる物体を壁の後ろで動かしている人々である。先ほど、これは影絵芝居のようであると述べたが、プラトン自身の言葉では人形師が操り人形を動かして見せるようなものだと説明されている。影のもととなる物体を動かし、時にそこから声を発する「人形師」と呼ばれる人々が、この洞窟のなかに囚人とは別に存在しているのである。この人形師は、明らかに囚人よりも洞窟の仕組みを知っている。比喩を読む限り、人形師は炎を認識することも可能な場所にいることになる。洞窟の外に世界が存在していることまで彼らが知っているか定かではないが、少なくとも、自分たちが炎の力を借りて作り出す影を、囚人たちが本物だと信じ込んでいることはわかっているはずである。そしてまた、炎が消えないように薪を焼べているのも彼ら以外には存在しないだろう。

これらの比喩を用いてプラトンは何を表わしているのだろうか。影についてはさまざまな見解がありうるが、ひとまずのところ、人々が本当であると「信じて」いるに過ぎない、真実に似ているが真実ではないもの、と捉えておこう。では、それを作り出している人形師とは何者だろうか。「人形師」という単語は、プラトンの別の対話篇『ソピステス』にも登場する〔234E－235C〕（ちなみに「ソピステス」とは、ソフィストのギリシア語である）。そこでは、この人形師と同じ意味で「いかさま師」や「物真似師」といった単語も用いられている。彼らは「実物を真似てその似姿を作る」ために、そのように呼ばれるのである。ソフィストはこの、「似姿を作る」人々のグループに分類される。『ソピステス』によれば、ソフィストは「実物を真似てその似姿を作る」グループの一部に過ぎない。このグループに属する別の人々は、「いかさま師」や「物真似師」という、「人形師」と同列に扱われていた単語をたどることで、『ポリテイア』の最終巻に見出すことができる［598D］。ここでこれらのグループに分類されているのは、画家と詩人である。画家は絵を通じて「実物を真似てその似姿を」描き出す。詩人は言葉によって同じことを行なう。

以上の点を踏まえて再び洞窟の比喩に戻ってみると、洞窟のなかで、囚人たちよりも洞窟の仕組みを知り、その仕組みを維持させている人形師として、プラトンはソフィストや画家や詩人を想定していたと考えることができる。つまりプラトンの見方に従えば、古代ギリシア啓蒙の時代の立役者と言われる知識人は、人々を暗闇のなかに閉じ込め続ける張本人だった。

3　古代ギリシアにおけるノモスとピュシス

✝ 古代ギリシア啓蒙を支えた人々

紀元前五世紀の古代ギリシア啓蒙において重要な役割を担っていたのは、ソフィストとして現在知られる人たちだった。しかし、ソフィストとはどのような人々を指すのかという問いに答えるのは、次のような理由により容易ではない。彼らの思想を知るための著作の大半は散逸してしまい、わずかな断片しか残されていない。彼らの活動を伝える貴重な資料であるプラトンの対話篇は、ここまでの議論からもわかるように、中立的・客観的な考察とは呼び難い。さらにソフィストとみなされる人々のあいだには、ほとんど思想的なつながりが存在していなかった。

現在、複数の人々をソフィストというひとつのカテゴリーに分類する基準となっているのは、彼らの職業性・専門性（プロフェッショナリズム）である［納富 二〇一五：八四］。紀元前五世紀にアテナイにおいて民主政が確立されたのと時を同じくして、その政治体制のもとで必要となった市民としての能力を授ける専門家が登場した。その多くは、民会や法廷という公の場で、多くの人々を前にして言葉を巧みに操るための弁論の技術（レトリック）を教える教育者という形をとった。これがソフィストである。

古代ギリシア啓蒙の立役者の多くはソフィストだったが、他方でプラトンが「物真似師」と呼んだ詩人たちもまた、前五世紀のアテナイの文化を支え、古代ギリシア啓蒙を支えた人々であった。ここで詩人と呼ばれているのは、現代の日本でイメージされるような自由詩を書く人ではない。古代ギリシアの詩人（作家）には、長大な叙事詩『イリアス』を生み出したと言われるホメロスや、悲劇作家ソフォクレス、喜劇作家アリストファネスなどが含まれる。彼らは劇作品を通じて聴衆である市民に世界の見方を提示した。

†ノモスとピュシスの対立

ソフィストと呼ばれる人々のあいだには思想的つながりがなかったと述べたが、彼らの多くが関心を寄せた主題は存在する。そのひとつが、「ノモス（法）」と「ピュシス（自然）」をめぐる問題である。「ノモスとピュシスの対立」は、古代から近代まで（あるいは形を変えて現代まで）多くの思想家が関心を寄せてきたテーマである。なぜ「法と自然」が対立的に捉えられるのか、少し考えてみよう。

ノモスは、基本的には法律や規則を意味する。その重要な特徴は、それが人間によって作り出されたという人為の性質である。日本の憲法もアメリカの州法も、海や土から生まれたわけではない。多くの人間が知恵を絞って議論を重ね、その結果作り出された。これに対してピュシスには、自然や本質的な性質といった訳語があてられるのが一般的である。産業革命以降の科学技術の発展は目覚ましいが、植物の種を人間が無から作り出すことはできない。この人為という性質を軸として、ノモスがピュシスに対立することになる。では、この対立はどのような問題を提起するだろうか。

例を考えてみよう。われわれはしばしば人間を、人種という基準で区別（ときに差別）する。では、人種間の差異は自然的なものだろうか、人為的なものだろうか。肌の色の違いは自然的と言えるだろう。これに対して、ある肌の色の人が、別の肌の色の人より統治を行なうという点で優れているという人種間の優劣は、一部の人間が都合よく生み出した人為的な差異であると今では考えられている（少なくとも、そう考える人の方が多い）。つまり、ある人種が他の人種より優れたり劣ったりしていることは、自然的にはありえない。しかしこうした「区別」は、これまで幾度も不当な支配を正当化してきた。

男女の差についても同様の問いが成り立つ。仕事を行なう能力の点で女性は男性より自然的に劣っているという考え方は、現代でもしばしば見られる。男性が外で働き、女性は家事をするという役割分担は自然的なものだろうか。それとも慣習的にそうした役割分担を引きずっているだけだろうか。

こうした問いは、何が人為的で何が自然的なものなのかという、古代ギリシアの言葉を用いれば「ノモスとピュシスの対立」という大きな問題圏に含まれる具体的な問題である。古代ギリシア啓蒙の功績は、日常に漂う違和感を問いとして認知し、さらに社会的な問題としてソフィストや詩人や哲学者たちが、さまざまな観点からそれを議論したことにある。以下では、「ノモスとピュシスの対立」を手がかりとして、前五世紀に登場した議論のいくつかに目を向けてみよう。

† 古代ギリシアにおけるノモス

先に挙げた人種の例は、「ノモスとピュシス」という概念の組み合わせが最初にギリシア語テキストに現われたとされる文脈に近い［ハイニマン 一九八三：七］。そのテキストとは、ヒポクラテスの『空気、水、場所について』（紀元前五世紀後半）である。ヒポクラテスは、現代人にも――医療に携わる人々には特に――馴染み深い医学の父である。このテキストの後半部では、異なる地域に住む人々の身体に見られる異なる特徴の原因が説明される。民族学や文化人類学のプロトタイプである。それぞれの種族の身体的特徴は、風土や食糧といった自然環境、そして遺伝的な要素といったピュシスを原因とする場合が多いが、それだけでは説明できないものもある。それが、人為的に作り出される特徴、すなわちノモスによる相違である。テキストは、種族のあいだにある大きな身体上の相違が、ピュシスによるのか（生来のものなのか）ノモスによるのかを調査する。ここでのノモスが人為的なものを指していることは疑いないが、日本語の定訳である「法」を当てはめて理解することは難しいだろう。

古代ギリシア世界における「ノモス」という語の使用法を紐解くと、大きく分けて二つの意味合いがあると古典学者ガスリーは指摘する［Guthrie 1971: 56］。ひとつは、何が正しいか、あるいは何が真実であるかについての、伝統的で従来の信念に基づくしきたりや慣習という意味である。もうひとつは公的に作られた法律で、正しいしきたりが成文化されたもの、公的な権威によって裏づけられた、義務を伴う規範という意味である。定訳になっている「法」はこの二つ目の意味の方に由来し、先のテキストのノモスは一つ目の意味に近い。

ひとつの単語によってこれらが意味されていることからもわかるように、「しきたりや慣習」と「法律や義務を伴う規範」のあいだの区別はもともと曖昧であった。言い換えれば、ある共同体において慣習となっていることは、その時点で義務を伴う規範（ルール）とみなされた。そして古くから存在する慣習は、社会の初期の段階では宗教的な色を帯びている。しかし、神が是認したとみなされる伝統的な慣習と人間が措定する約束事としてのルールは、社会の発展に伴って次第に分化することになる［シュトラウス 二〇一三：一三二］。

✝神の掟と人間の法

伝統的な慣習、あるいは神が是認する慣習と人間の約束事という二つのノモスの区別は、悲劇作家ソフォクレスの代表作『アンティゴネー』（紀元前五世紀半ば）にはっきりと現われている。物語は、テーバイという町をめぐる攻防戦で刺し違えた二人の兄弟の死から始まる。兄弟の叔父であるテーバイの王は、町を攻めた兄を裏切り者として扱い、遺体を動物に食い荒らさせようとする。兄弟の妹アンティゴネーは、死者（特に自身の兄弟）を適切に弔うことは「神の掟」に従うことだと考え、王の命令である共同体の掟に逆らうこと選択し、テーバイの王に向かってこう述べる［四五三－四五五行］。

あなたのお布令に、そんな力があるとも思えませんでしたもの／書き記されていなくても揺るぎない神さま方がお定めの掟を／人間の身で破りすてができようなどと。

ここでアンティゴネーは死者の弔いをめぐって、神聖な神の法を人間が作り出した法律に対立させている。「あなたのお布令」、すなわちテーバイの王という人間が定めた法は、神々が定めた掟（原文では、ノモスの類語であるノミマという単語が使われている）と異なっていること、そして人間の法は神々の掟より劣ることを、アンティゴネーは主張している。

ソフォクレスより百年近く後の哲学者であるアリストテレスは、『アンティゴネー』のこの箇所に見られる人間の法と神々の掟という二つのノモスの対立を、正義をめぐるノモスとピュシスの対立として捉えた［『弁論術』1373a10－15］。なぜこれを、ノモスとピュシスの対立に置き換えることができるのだろうか。

人間によって作り出されたノモスは、その枠組みのなかで正義を規定することができる。言い換えれば、正義は人為的に定義することができる。死刑について考えてみよう。日本では、極刑としての死刑制度が存続している。重罪を犯した人間を殺すことは、日本の法律（ノモス）では正しいと考えられているためである。しかしわれわれは日常生活において、殺人という行為は本質的に許されるべきではないと考えている。今、「本質的に」と書いた部分を古代ギリシア語で言い換えるとすれば、「ピュシスに従って」とか「ピュシスに即して」という言い方になるだろう。

アンティゴネーが、町にとっての裏切り者である兄の遺体を適切に弔おうとするときに訴えかけている「神々の掟」は、この意味で、人間が「本質的に正しい」と考えるもの、すなわちピュシスの上での正義である。『アンティゴネー』の著者であるソフォクレスはアンティゴネーの口を借りて、ノモスとピュシスを正義という概念をめぐって対立させた。アリストテレスはこう読んだのである。

4 正義をめぐる議論

†神々とノモス

前節では、神の掟を人為的な法に対立する自然として理解するソフォクレスのテキストとアリストテレスの解釈を紹介したが、必ずしも古代ギリシアで神の存在が無批判に受け入れられていたというわけではない。ソフォクレスに並んで有名な悲劇作家エウリピデスの『ヘカベ』（紀元前五世紀後半）のうちには、神々は人々によって「思いなされている」に過ぎず、神々への崇敬も「思惑」に過ぎないという主張が見られる(2)。

これは、エウリピデス固有の見解というわけではない。プラトンの親戚で、アテナイ民主政転覆に加担したクリティアス（紀元前五世紀半ば～後半）という人物がいた。ここで取り上げる『シシュフォス』という劇の断片は、このクリティアスの作品ではないかと推測されることもある。ここでは、エウリピデス以上にラディカルな神の捉え方が見出される［DK 88 B 25］。

その後に、法律は／彼ら〔邪悪な人びと〕が暴力で明白な悪事をなすことを妨げはしたが、／しかし、人知れずに彼らが悪事を行っていたので、その時になって、／私が思うところでは、〈初めて〉ある聡明で頭の賢い人間が／〈神々への〉畏れを死すべき者どもに考案したのである。そうして／悪しき者たちには、もしも、人知れずに〈何か〉を／彼らが行っても話しても考えても、何らかの恐怖があるようにした。／確かにそのことゆえに、その賢者が神を導き入れたのだ。

この箇所の少し前では、罪を犯せば罰せられるようにと人間が法律（ノモス）を制定したと述べられている。しかし、法律だけでは不十分である。法的な処罰のみが悪事を妨げようとする場合、人は悪事をやめることができない。人が悪事を働かなくなるためには、内側からの動機が必要となる。そこで賢者が考案したのが「神」だった。最後の行にある「導き入れた」というギリシア語は、「発明した」と訳すこともできる。神は人為的に作り上げられた。断片の作者自身の見解かどうかはさておき、そのような見方がここで示されている。

† 正義をめぐるノモスとピュシスの対立

断片『シシュフォス』には、上で見た主張と並んで啓蒙という観点から関心を引く点がある。それは、聡明で賢い人が神を作り出した目的である。その目的とは、人間が悪事を行なわないようにすることである。これは、引用の少し前の箇所で述べられるノモス（法律）の制定理由と同じである。ノモスは悪事に対して罰という暴力を与えることで、人々が悪事を働く動機を弱めようとした。ここでテーマになっているのは、ノモスが共同体の構成員をいかにしてうまく統治するかという問題である。この点も、紀元前五世紀のギリシア人、特にソフィストをはじめとする知識人にとっては重要な議論のテーマだった。そうした議論を行なった人物として、もう一人のソフィスト、アンティフォン（紀元前五世紀）[3]を取り上げたい。

彼はノモスを、神から与えられ先祖が伝えてきた掟とは考えない。アンティフォンの断片『真理について』の一部を読んでみよう［DK 87 B 44］。

したがって正義とは、人がそのなかで市民生活を営むところの、ポリスの法制度（ノミマ）を踏みにじらないということなのである。……法（ノモス）の掟は合意によるものであって、自然（ピュシス）に生じたものではなく、他方自然の掟は自然に生じたものであって、合意によらないものなのである。したがって、法制度を踏みにじっても、合意した人々に気づかれないならば、人は恥も罰も免れることになるが、気づかれるならば、そうではない。……いずれにせよこうしたことの考察は、法的な正しさの多くは自然とは敵対関係にあるということ、まさにこの点にかかわっているのである。

ここで語られているのは、正義という概念を軸とするノモスとピュシスの対立である。アンティフォンによる正義の捉え方は、われわれが通常考えるそれよりもだいぶ狭い。彼はここで正義を、法制度に従うという合法性として理解している。この捉え方は、本書第2章で取り上げられる思想家ホッブズに通じる。ホッブズによれば、社会契約によって国家が設立される以前の自然状態では、正義や不正の観念は存在しない〔『リヴァイアサン』第一巻十三章〕。正義を合法性として捉えるアンティフォンも、この点では同じことを考えている。

上記のテキストでさらに興味深い、というより人間味があるのが、合法性としての正義は、あくまでもその法に合意している人が気づく限りにおいて「正しい」という効果を持つと考えられている点である。法に触れるような行為を行なったとしても、他人がそれに気づきさえしなければ、人は不正を働いたことにはならない。

こうしたアンティフォンの見解は、人々が正義を大事にするのは、つまるところ罰を受け恥をかくことを恐れるからだという主張を含んでいる。『シシュフォス』の作者も指摘していたように、ノモスを作っても人は悪事を働かないようにはならない。この矛盾の原因をアンティフォンは、法の上での正しさと自然的な正しさの対立のうちに見出した。最初に紹介したヒポクラテスとは異なる、政治的・社会的な仕方でのノモスとピュシスの対立がここに現われている。

†プラトンと正義の議論

正義をめぐるアンティフォンの議論は、「洞窟の比喩」が書かれているプラトンの『ポリテイア』に登場するもうひとつの比喩、ギュゲスの指環の喩え話と親近性を持つ。J・R・R・トールキンのファンタジー小説『指環物語』や、映画『ロード・オブ・ザ・リング』シリーズを読んだり観たりしたことがあれば、あの指環を思い浮かべてほしい。あの指環と同じく、ギュゲスの指環もそれをはめた人間を他人から見えなくする力を持っている。そうした力を持つ指環を手に入れることができた場合、人はどのように振る舞うだろうか。普段から品行方正な人が手に入れたら、どうするだろう。どんなに正しい人であっても、誰にも見つからない保障があれば悪事を働き不正に手を染めるはずだ。ギュゲスの指環の喩え話は、人間が不正を働くかどうかは、他人の目があるか否かにかかっていることを示している。

プラトンの著作には、アンティフォンへの言及はほぼ見られない。しかしプラトンが同時代のライバルにあえて言及しない場合があることは知られており、これを意図的な沈黙と見ることもできるかもしれない［納富 二〇一五：二二一－二二三］。いずれにせよここで重要なのは、合法性という枠組みで正義を捉えるアンティフォンのような立場が当時のギリシアに存在しており、プラトンがその問題に取り組んだということである。再びプラトンのテキストを見てみよう。

『ポリテイア』の第一巻では、彼が生きた時代の社会に存在した、正義をめぐるいくつかの見解が紹介され、批判・検討される。このなかで特に注目したいのが、トラシュマコスという人物が主張する正義の捉え方である［344c］。

人々が不正を非難するのは、不正を人に加えることでなく自分が不正を受けることが怖いからこそ、それを非難するのだ。……〈正しいこと〉は、強い者の利益になることに他ならず、これに反して〈不正なこと〉こそは、自分自身の利益になり得になるものである。

トラシュマコスは堂々と不正を称えることで、われわれが心の奥底で密かに抱いている不正への憧れを的確に捉える。

小さな子どもに、友達のおもちゃを力ずくで奪ってはいけないと教えるのは、自分の持ち物を他人に力ずくで奪われたくないからである。自分より圧倒的に相手が弱いとわかっていれば、人は相手から奪おうとする。自分の利益になることがピュシスの上で当然だと思っているからだ。しかし、いつどんな場合でも強者でいられるような人はまずいない。それゆえ人は、中間的な地点で妥協する道を選ぶ。自分が相手に不正を加えない代わりに、相手も自分に不正を加えないと相互に約束するのである。こうした約束を、人はノモス（法）と呼ぶ［359a］。この約束を反故にできるギュゲスの指環のような道具があれば、人はノモスのもとでの正義ではなく、ピュシスの上での正義に従う。こうしてトラシュマコスは、人々は本当のところ社会における正義に不満を抱いていることを暴露した。

アンティフォンやトラシュマコスの仕方で正義を捉えることには、重大な問題があるとプラトンは考えた。それは、ノモスのもとでの正義とピュシスの上での正義が乖離している限り、人々が共同体の中で不正を働こうとする動機が残り続けるという問題である。ノモスの上で正義にかなった状態での共同体は、ピュシスの上での不正な状態に置かれていることになるからである。そうした乖離が生じるということは、ノモスに何らかの不備があるはずである。その点に気づきながら現状維持に加担するソフィストは、プラトンにとって、洞窟という暗闇に囚人を拘束し続ける人形師以外の何者でもなかった。ノモスにかんするこうした関心は、のちに晩年のプラトンの作品『法律』（ノモスの複数形でノモイと呼ばれる）に結実する。

おわりに

紀元前五世紀の古代ギリシアは間違いなく、十八世紀に並んで政治思想が花開いた時代である。ソフィストや詩人や哲学者は、彼らの前の時代、あるいは同時代に市井で当然のごとく受け入れられていたパラダイムを疑い、他の見方がありうることを示そうとした。本章でたどったのは、そうして示されたさまざまな見方の一部である。それは、理性を信じ、人々を迷信と誤謬から解放しようとした十八世紀の啓蒙とは異なる仕方であったが、その「源流」と呼びうる知的営みであった。

プラトンは、影を作り出す人形師、見せかけの知識を広める似非哲学者のソフィストと、洞窟の外に広がる本当の世界を認識した哲学者のあいだに明確な線引きをした。洞窟に縛られた囚人の縛めを解き、外の世界へと導く「誰か」こそ、プラトンにとっての真の哲学者であり、囚人を啓蒙してくれる存在である。しかし実のところ、人形師と哲学者のあいだの区別は恣意的である。喜劇作家アリストファネスの作品『雲』には、ソフィストの代表としての役を与えられたソクラテスが登場する。アテナイに暮らす多くの人々にとって、哲学者ソクラテスはその他のソフィストと変わらなかった。では、知識を持っていると称する人が人形師なのか哲学者なのか、われわれに見分けるすべはあるのだろうか。おそらくない。しかし明らかなのは、思考を止め、与えられたものを吟味せずに知識なのだと安易に受け入れる者を人形師は好むということである。自らの頭で考える勇気を持つということは、のちの啓蒙の標語であると同時に、洞窟の暗闇を脱出する第一歩でもある。

＊**凡例**　プラトンおよびアリストテレスの作品からの引用箇所は、欄外に付された数字とアルファベットで丸括弧内に示した。ソフィストの断片からの引用箇所は慣例に従って、参考文献の『ソクラテス以前哲学者断片集〈第Ⅴ分冊〉』に付された番号をDKの後に付して示した。

（1）たとえば、ガスリーの『ギリシア哲学史』第三巻には「〔紀元前〕五世紀の啓蒙」という副題が与えられ、十七、十八世紀の政治思想とソフィストの思想の類似性が指摘されている［Guthrie 1971, 6; 23; 48 n. 2］。

（2）特に『ヘカベ』七九九‐八〇一行について、ハイニマンはこのように解釈している［ハイニマン　一九六三：一四三］。

（3）「アンティフォン」という名前で公の場で活躍していた人物が同時代に複数人いたようで、どのアンティフォンかという点では古代から混乱がある［Guthrie 1971: 24; Gagarin 2002: 37–38］。本章で取り上げるのは、区別される場合には「ソフィスト」に分類されるアンティフォンの断片である。

参考文献

アポロドーロス（一九七八）『ギリシア神話』〈岩波文庫〉高津春繁訳、岩波書店。

アリストテレス（一九九二）『弁論術』〈岩波文庫〉戸塚七郎訳、岩波書店。

エウリピデス（一九八六）「ヘカベ」高津春繁訳、『ギリシア悲劇Ⅲ』〈ちくま文庫〉松平千秋編訳、筑摩書房。

レオ・シュトラウス（二〇一三）『自然権と歴史』〈ちくま学芸文庫〉塚崎智・石崎嘉彦訳、筑摩書房。

ソポクレース（一九六一）『アンティゴネー』〈岩波文庫〉呉茂一訳、岩波書店。

納富信留（二〇一五）『ソフィストとは誰か？』〈ちくま学芸文庫〉筑摩書房。

ハイニマン、フェリックス（一九八三）『ノモスとピュシス』廣川洋一ほか訳、みすず書房。

ヒポクラテス（一九六三）「空気、水、場所について」『古い医術について』〈岩波文庫〉小川政恭訳、岩波書店。

プラトン（一九七六）「ソピステス」藤澤令夫訳、『プラトン全集３』藤澤令夫・水野有庸訳、岩波書店。
プラトン（一九七九）『国家（上・下）』〈岩波文庫〉藤澤令夫訳、岩波書店。
ポーター、ロイ（二〇〇四）『啓蒙主義』見市雅俊訳、岩波書店。
ホッブズ、トマス（一九五四）『リヴァイアサン１』〈岩波文庫〉水田洋訳、岩波書店。
Diels, H. und W. Kranz（Hrsg.）（1952）*Die Fragmente der Vorsokratiker*. 6. Auflage. Vol. 5. Dublin / Zürich: Weidmann.（ヘルマン・ディールス／ヴァルター・クランツ『ソクラテス以前哲学者断片集（第Ｖ分冊）』内山勝利ほか訳、岩波書店、一九九七年）
Gagarin, M.（2002）*Antiphon the Athenian : Oratory, Law, and Justice in the Age of the Sophists*, University of Texas Press.
Gay, P.（1966）*The Enlightenment: An interpretation; The rise of modern paganism*, Vintage Books.
Guthrie, W. K. C.（1971）*The Sophists*, Cambridge University Press.
Slings, S. R. ed.（2003）*Platonis Respublica*, Oxford University Press.

第2章　ホッブズの〈啓蒙〉
——専制・暴政と世俗化の観点から——

上田悠久

はじめに

われわれの民主主義は、常に脅威にさらされてきた。最近では新型コロナウイルス感染症への対応をめぐって、民主主義国家よりも非民主的な国家（権威主義国家）の方が死者数を抑えられているのでは、との指摘がなされ、物議を醸している。(1) 歴史的に見ると、絶対的な支配者が権力を意のままに使い、人々を顧みずに支配する政治体制は、「専制」（despotism）あるいは「暴政」（tyranny）として古くから警戒されてきた。

そして非民主的な国家として槍玉に挙がりやすいのが「政教一致」、すなわち宗教勢力と政治が密接に結びついている国々である。こうしたところでは人々の政治参加が難しく、人権に対する制限も大きい。多様な文化を一つの物差しで測るのには注意が必要だが、政治から聖職者の影響力を排除して政教分離を実現することは、社会の中から宗教的な要素を取り除いていこうとする「世俗化」(secularisation) の流れに沿ったものであり、民主的な国家を作り上げるための重要なステップといえる。

専制を乗り越え、世俗化を進めることは、西洋啓蒙が歴史的に取り組んできた課題であった。だがこの歴史において位置づけが難しいのが、十七世紀のイギリス(イングランド)で活躍したトマス・ホッブズ(一五八八－一六七九)である。啓蒙思想を研究するJ・イスラエルは、世俗化を説いたホッブズは啓蒙思想に一定の貢献をもたらしたものの、専制を擁護しているので、今日の民主的な社会の礎となっている「急進的啓蒙」の思想家とはいえない、と考えている[Israel 2006]。一方ポーコックによれば、世俗主権による秩序維持を主張しエリート聖職者を批判したホッブズは、啓蒙の出発点と呼ぶに相応しい[ポーコック 一九八九]。果たしてホッブズの思想は啓蒙思想とは相容れないのだろうか。

本章ではホッブズの思想を、啓蒙思想の重要トピックである専制(あるいは暴政)と宗教に絞って読み解く。彼は一見すると啓蒙思想とはかけ離れているように見えるが、実は理性によって暗闇に〈光〉を照らし、知によって現実を改良する〈啓蒙〉の精神を体現し実践していた。そして人々は偏見から彼を批判したが、彼の思想は着実に人々を〈啓蒙〉したのである。本章ではホッブズの中に〈啓蒙〉の息吹を見出すことで、啓蒙思想そのものの意義を問い直したい。

1 『リヴァイアサン』における専制・暴政

ホッブズの『リヴァイアサン』（一六五一）が出版された背景には、イングランドで国王支持の王党派と反対勢力の議会派が対決した、今日「ピューリタン革命」として広く知られる大規模な内戦があった。[2]内戦は、国王と議会の権力闘争により生じた。国王権力の増大を懸念する議会は一六二八年に「権利の請願」を提出し、課税の際に議会の同意を求めるなど、国王権力を制限しようとした。これに対し権力強化を目指す国王チャールズ一世は、翌年に議会を解散し、以来十年以上も議会を召集せず議会に抵抗する。しかしスコットランドとの戦争で戦費不足に陥った国王は、戦費や賠償金調達のため議会を召集せざるを得なくなり（短期議会、長期議会）、議会は国王大権の乱用を激しく追及した。そして国王側と議会側の対立は一六四二年に戦闘へと発展し、議会軍が勝利した後、一六四九年には国王チャールズ一世が処刑され、伝統ある君主制に代わってクロムウェル率いる共和制が始まった。

ホッブズは、王党派の貴族キャヴェンディッシュ家に仕え、また議会派の追及を逃れ亡命したフランスではチャールズ一世の息子（後のチャールズ二世、同じく亡命中）の数学教師を務めるなど、王党派とみなされることの多い人物である。では彼は国王処刑後、王党派の立場から『リヴァイアサン』を書き、国王の暴政を擁護しようとしたのだろうか？　本節ではホッブズの議論と内戦との関係を見ることで、彼の専制・暴政論を考える。

†内戦とホッブズの絶対的主権論

内戦によるイングランドの混乱を亡命先で伝え聞いていたホッブズは『リヴァイアサン』において、平和には絶対的主権者の樹立が必要であると主張した。彼によれば人々は自然状態の悲惨から抜け出すため、互いに互いの権利を放棄する契約（信約）を結ぶ。人々はこの契約に基づいて仮想的に一つにまとまり、コモンウェルスを設立する。コモンウェルス（commonwealth）はラテン語の res publica（republic の語源）に通じる、政治共同体を表わす言葉として当時広く使われていた。ホッブズはこの言葉を、地縁血縁や伝統的支配に基づく政治共同体を超えた、近代的な「国家」の意味で用いた。彼によるとコモンウェルスは、機械式時計のように様々な部品からつくられており、『リヴァイアサン』扉絵に描かれている巨大怪獣リヴァイアサンのように、多数の人々が結合してできた人工的人間である。

そしてコモンウェルスを担う存在として打ち立てられるのが主権者である。主権者が一人であれば君主制、少数であれば貴族制、そして全員であれば民主制となる。この主権者にコモンウェルスの構成員が刃向かうことは許されない。なぜなら、人々が契約を結び国家を設立したときに、自分たちに成り代わって行動する権威を人々は主権者に与えてしまっている。そのため権威を与えた以上、主権者の行動に反対することは、自分の行動に自分で反対することになり、理屈上あり得ないからである。

強い主権者が唱えられた背景には、当時注目されていた「混合政体論」の存在がある。混合政体論とは、君主制、貴族制、民主制の要素を混ぜ合わせた政治体制にすることで、権力が互いに牽制し暴走を防げると考えるものである。国王は議会に送った文書の中で、国王が君主制、議会上院（貴族院）が貴族制、下院（庶民院）が民主制を体現するイングランドの政治制度は、三政体の欠点を排しつつ利点を取りこんだ先人たちの知恵の賜物であり、国王がいるからこそ議会の暴走を防げるのだと誇示していた［Kenyon 1986: 18-19］。

一方ホッブズは、主権は決して分割できないと主張し、もしイングランドで権力が国王、貴族院、庶民院に分割されていなければ、内戦には陥らなかっただろうと述べている［L 一八章（二）四六－四七］。つまり彼は、複数の権力による抑制均衡を重視する国王、王党派の理論を否定し、絶対的な権力こそ必要だと主張したのである。

† 議会の名を出さない議会批判

地方の有力者や聖職者、法律家など多様なメンバーから構成されていたイングランド議会は、伝統的に国王の諮問機関であった。議会派の理論家パーカーは、議会が人民の代表であり、かつ国王の助言者であると主張する。これは、代表者ではないが最高権力者である国王との棲み分けを狙った考えである。一方、通常は「公的助言者」として国王に仕える議会も、側近など国王を取り巻く私的助言者たちのせいで政治が腐敗してしまう危機においては、国王を倒すことが許される［Paul 2015］。こうして議会は国王への対抗を正当化したのだ。

これに対しホッブズは主権論を軸に、実質的な議会批判を展開する。まず彼は、六百年続いてきた世襲の君主国（おそらくイングランドを指す）で、主権者に請願を届け助言するために集められた人々（おそらく議会）が、不当にも「代表」と呼ばれていると指摘する。主権者は人々の代表者でもあるはずなので、主権者以外が代表者を名乗ると主権者が二つ存在することになってしまい、許されないのである。そしてホッブズは、主権者が一人である君主制のデメリットは、主権者が合議体の形をとる貴族制および民主制にも存在すると指摘し、議会主権の優位性を実質的に否定している［L一九章（二）五四－五九］。

ただしホッブズは、「議会」の名を出すことなく以上の議論を展開しており、また議会のような合議体が主権者になることを完全には否定していない。彼は君主制崩壊後に出した『リヴァイアサン』において、自分が君主制擁護だと見られないよう慎重に対応したのだ。

†ホッブズの暴政・専制論

このようにイングランドの既存体制、特に議会を批判的に見るホッブズは、実質的に君主の絶対的権力を擁護している。そして彼は暴政と君主制には本質的な差がないと述べる。

歴史書や政治の書物のなかには、暴政（tyranny）や寡頭制のように、政体の別の名前がある。しかしこれらは政体の別の名前ではなく、同じ体制が嫌われたときの名前なのである。というのも君主制の下で不満を持つ者はそれを暴政と呼び、貴族制に嫌な思いをする人はそれを寡頭制と呼ぶからである。［L一九章（二）五三］

君主制と暴政の同一視は伝統からの逸脱であった。政体分類の先駆者であったアリストテレスは、単独支配制（君主制 monarchia）のうち、支配者が共同体の利益を尊重する場合を王制、支配者が自分の利益ばかり追求する場合を僭主制（暴政）と呼んで区別していた［アリストテレス 二〇〇一：一三三―一三四（第三巻）］。一方、君主制において公共の利益と私的な利益が一致すると述べるホッブズにとって［L一九章（二）五五］、誰の利益を考慮するかによって暴政と君主制を区別することは、無意味なのである。

またホッブズは専制にも言及する。彼によると、征服や戦争の勝利によってなされる敗北者への支配は、主人（ギリシア語でdespotēs）が奴隷を支配する「専制的」（despotical）支配といえる。敗北者が征服者に従うのは戦争に負けたからではなく、自分の生命と身体の自由が確保されている限り征服者に服従すると同意するからである。この約束を根拠として、征服者は敗北者に対して何でも強要することが可能であり、敗北者が抵抗して罰せられたとしても主人である征服者を非難することはできない。そしてホッブズは、専制的支配における支配者の権利は、人々同士の同意や約束に基づき設立されたコモンウェルスにおける主権者の権利と同じである、とも付け加えている［L二〇章（二）七四―七七］。

† ホッブズは専制擁護者か？

このようにホッブズは、支配者が私益を追求する暴政、征服者が人々に服従を強いる専制のどちらも、君主制と本質的には同じだと考える。彼は専制や暴政という人々が悪いイメージを抱く言葉を取り上げ、それのどこが悪いのかと開き直っているかのようである。

ただし『リヴァイアサン』を国王擁護の書と決めつけるのは拙速である。すでに述べたように、この本は君主制が崩壊し、クロムウェルを筆頭とする共和制が始まった後に出版されている。この頃、イングランドの公職者達、そして多くの市民に共和制政府への忠誠を示すよう求める「忠誠論争」が起きていた。これと関連して、『リヴァイアサン』の最終章「総括と結論」で登場する「保護と服従の相互関係」に注目する解釈がある。ホッブズは本書執筆の最終段階で、自分を保護してくれる権力には服従するべきだと付け加えることで、国王を倒した征服者、すなわち共和制政府への服従を正当化しているというのである〔Malcolm 2012〕。

つまり、国王の暴政を正当化したとの解釈も、反対に国王を倒した征服者（共和制政府）による「専制」を擁護したとの解釈も、両方可能なのである。そしてホッブズは議会などの固有名詞を避けることで、自分がどの政治的立場を擁護しているのか曖昧にしている。この玉虫色の議論は、政情不安定だった当時のイングランドにおいて、絶対的な権力による平和を唱えた彼が、身の危険を避けつつ自説を世に出すための苦肉の策とも言える。こうしたホッブズの格闘を単なる専制擁護の議論と片付けるのは、乱暴ではないだろうか。

2 『リヴァイアサン』における宗教

前節ではホッブズが専制擁護者だと簡単には決めつけられないことを示したが、もう一つ残っているのが、彼を「世俗化」の貢献者と考える見方である。今日、ホッブズと宗教を結びつける者は多くないが、実は政治的著作として知られる『リヴァイアサン』の後半第三、四部は、宗教に関する議論である。手厚い議論の背景には、イングランド宗教体制の動揺があった。内戦が起こる一世紀前の十六世紀にキリスト教カトリックから独立して誕生した国教会（日本にも伝わる聖公会の母体である）は、カトリックとも、ヨーロッパを席巻したルター派やカルヴァン派とも異なる「中道」路線を採用し、国王を頂点（首長）に、主教、司祭、執事ら聖職者の階級構造を備える、監督制（主教制）の整備を進めた。しかし内戦中の一六四五年に長期議会が国教会の聖職者トップであるカンタベリー大主教W・ロードを処刑するなどして、国教会体制は崩壊してしまう。ホッブズは、内戦期には教会統治が定まらない「空白」が生じていたので、教会について自由に語ることができたと後に語っている［Hobbes 1994: 248］。

本節では以上の文脈を踏まえた上で、ホッブズの宗教論を宗教の発生に関する説明と、政治と宗教の関係についての説明に分けて整理し、その議論が必ずしも「世俗化」の議論とは言えないものの、〈啓蒙〉の営みであったことを見ていく。

†人間本性に基づく宗教論

ホッブズは、人間の性質（本性 nature）や傾向、特に物事の原因を探究しようとする人間の好奇心に注目して宗教の発生を説明する。それによると人々は原因探求の結果、「それ以上まえにはなんの原因もなく、永遠であるような、ある原因が存在するという思考」に至り、この究極的原因を「神」と名付ける。こうした原因探究が永遠の神への信仰を生み出すのである。一方でなかには原因探求を行なわないような人もいる。そうした人々は、自分たちに利益や害悪をもたらす「見えない力」を想像し畏怖するため、無数の神々を作り出す。この場合は見えないものへの恐怖が宗教の「自然の種」となるのだが、他の神を崇拝する人にとってこうした宗教は迷信と映るのである(3)［L一一章（一）一七八－一七九］。

このようにホッブズは神の存在を認めるが、神とはどのような存在なのかを深掘りできないとも考えている。彼は、万物の原因として神の存在を考えることはできても、生まれつき盲目の者が火の観念を持ち得ないように、人々は神の観念を持つことなどできないと説明する［L一一章（一）一七八］[4]。すなわち原因としての神は想定できても、神とは何であるかを知ることはできないのである［梅田 二〇〇五：二二二］。

ホッブズが神の存在を認めるのは、彼が世の中のあらゆる物事を物体の運動として捉える「機械論」を徹底しようとしたからである。すべてが静止していたはずの世界において、最初に運動を与えた存在（第一起動因）としての神が存在しなければ、物体の運動を説明できないと彼は考えた。普遍的な原理から個別の結果を導く演繹的手法を重視した彼は、究極的原因である神をまず想定し、個別具体的な結果を説明しようとしたのである。

✝ 反聖職者主義と政教一致

次に政治と宗教の関係であるが、実はホッブズ以前から、世俗（政治）権力が教会をコントロールするべきだとする「エラストゥス主義」や、聖職者の強大な権力に反対する「反聖職者主義」の考え方がヨーロッパにはあった。人々は、世俗の支配者と、カトリック教会に君臨する教皇の両方から支配されていたのであるが、このような世俗権力とは独立した権力を振るう教会のあり方に疑問を呈する動きもあったのである。カトリックを放棄し国王を教会の頂点に据えたイングランドでも、聖職者が強い権限を持っていた。

こうした状況において、ホッブズは神の存在を認めた一方、教会は世俗の主権者に従属しなければならないと考えていた。教会の運営は、「按手」（手を置くこと）によってキリストの弟子である使徒から聖霊を継承した人々、つまり聖職者にしかできないのかと、ホッブズは問いかける。自分たちの権威は神から授けられていると主張する聖職者たちに対し、キリスト教社会において神から直接権威を与えられているのは（政治的）主権者だけだとホッブズは反論する。こうして「最高の牧者」となった主権者は、洗礼など聖職者にしかできないようなことも、「最高の牧者」であるがゆえに執り行なうことができる。一方で教皇を含めた聖職者たちは、あくまで主権者の権利に基づいて宗教の事柄を司るのである［L四二章（三）二七二－二七三、二八〇］。

以上の議論を通して、ホッブズは政治と教会の一体化を説いていた。キリスト教徒の主権者は、自国内における政治的権利と教会に関する権利の両方を持っており、両者は結合している。国家と教会は同一の人々から構成されており、一体とみなすことができるとホッブズは考える。［L四二章（三）二七九－二八〇］。

政治と教会の一体性は反聖職者主義と矛盾するように見えるが、当時の教会が主権者を脅かす存在であったことを考慮する必要がある。人々に対して不当にも主権者のように振る舞い君主を破門するローマ教会や長老派[5]の聖職者たちは、「神の王国」ではなく「暗黒の王国」の創造者であるとホッブズは考える［L四七章（四）一三九－一四二］。こうした強すぎる聖職者をコントロールするためには、政教分離ではなく政教一致が必要なのである。

†宗教論におけるホッブズの〈啓蒙〉

人々同士が結ぶ契約に基づいて政治的権威が成立すると述べ、神の名を出さずに主権者や国家の正統性を説明したホッブズは、政治と宗教を切り離す世俗化論者に見える。さらに彼は、個人が内面においてどのような信仰を持っても裁かれないとする、今日の信教の自由に通じる思想を示している［L四二章（三）二四四］。だが実は神の存在を認め、主権者の権威だけは神に由来していると明確に述べ、政教一致を志向していた。[6]

このようにホッブズの議論には、世俗化の要素とそれに対立する要素の両方が見出されるが、強大化した聖職者権力に対抗し主権者の権限を強化する姿勢は終始一貫している。理性によって政治と宗教のメカニズムを解明し、聖職者支配という暗闇に〈光〉を照らしたホッブズのプロジェクトは、〈啓蒙〉と呼ぶのにふさわしいのである。[7]

3　ホッブズの多元的な国家像

これまでの議論では、ホッブズが単なる専制擁護者でも世俗化論者でもなかったことを示してきた。それでは、ホッブズはどのような政治、社会の姿が良いと考えていたのだろうか。実は当時十七世紀のイングランドに、君主がすべてを支配する専制など存在しておらず、むしろ様々な人々がそれぞれ力を持つ分権的構造があった。ホッブズが主権者の権力強化を図ったのはこうした人々をコントロールするためでもあったが、彼は同時に多数の人々が政治に参画し主権者を支える統治モデルを構想していた。

本節では、現実政治に向き合いながら知によってその改良を図ろうとした、ホッブズの〈啓蒙〉的プロジェクトを見ていくことにする。(8)

† イングランドの分権的政治体制

すでに見たように内戦前のイングランドでは、議会が国王チャールズ一世の専制に反発していた。これは見方を変えると、議会が国王に物申せるほど力を持っていたことを意味する。もちろん国王は国の「頭」、主権者として皆に権威を認められていた。だがその権力には常に制限がかけられており、だからこそ国王は権力の強化を狙ったのである。

近年の研究では、イングランド国王の権力は必ずしも絶対的とは言えず、分権的な構造を持っていたとの指摘が多くなされている。当時多くの人々は地元行政に関する役職を交代で務めており、君主制といえども地方レベルでは自治が行なわれていた［Goldie 2001］。国王は地方の有力者など様々な人々と協調し、あるいは彼らに依存していたのであり、イングランドは近代的な意味での中央集権国家ではなかったのである［Sommerville 2012］。

君主権力がそこまで強くないイングランドでは、地方の有力者たちや貴族がそれぞれ集団を作り、議会をはじめとする政治の舞台で自分たちの権利や権益を主張していた。政治学では自ら意志を持って行為（行動）する人を「アクター」と呼ぶが、彼らはまさに政治的アクターとして力を持っていたのである。一方常備軍を持たず、徴税権も貧弱であった国王は、政策を単独で実行する手段に乏しかった。そのため政策を実行するには、彼らアクターを納得させ協力をとりつける必要があった。さもなければ国王は、平時において政治を取り仕切ることも、有事において戦争を遂行することもままならなかったのである。

聖職者の力も強かった。国王は国教会の長ではあったが、聖職者集団は自律の道を模索していた。先に紹介したカンタベリー大主教のロードは強い君主を望む一方、聖職者が教会を統治するべきだとも考えていた。そのため人々は、彼ら聖職者が実は国王を縛ろうとしているのではないかとの疑念を抱いた［Cromartie 2006］。一方で国王も、ロードのような協力者がいなければ、宗教面で権力を発揮することもできなかったのである。

加えて、イングランドをはじめとした西洋諸国には、君主が単独で意思決定してはならず、助言を取り入れなければならないとする考え方が根強く残っていた。君主は良き「友人」である助言者に従うべきであり、もし君主が助言を聞き入れなければ専制君主に成り下がってしまうというのである［ガイ二〇一〇］。つまりイングランドは実質的に専制国家ではなく、また専制を戒める思想にも拘束されていたのだ。

† 主権者に委任された代行者

ホッブズがこのようなイングランドの分権的構造そのものを分析することはなかったが、『リヴァイアサン』には国家の複雑な仕組みを支える様々なアクターが登場する。たとえば本の冒頭でホッブズは、人工的人間であるコモンウェルスにおいて、主権は魂であるのに対して、行政官や役人は関節として機能すると述べる［L序説（一）三七－三八］。また人々の同意によって国家が設立された後、主権者は平和と防衛のために「助言者、代行者、行政官、役人を選ぶ」権利を持つとも述べている［L一八章（一）四五］。

ここでは代行者に注目してみよう。ホッブズによると「公的代行者」とは、行政（administration）に関して、国家を代表して行動する権限を主権者に委ねられた者のことを指す。たとえば属州の総督のように委任の範囲が広範な場合もあれば、税金徴収や計算などの財政に限って委任される場合もある。本来主権者が持つ司法権を委ねられた裁判官も代行者である。彼ら代行者の決定は主権者の名の下に出されており、人々はその決定に従わなければならない。一方で代行者も主権者の命令に反して行動することは許されていない［L二三章（二）一二八-一三二］。

代行者に権限を委ねた主権者は、委任事項には直接関与せず、判断や意思決定を代行者に任せることになる。(9) もちろん主権者は常に最終決定者であり続けるが、実際の行政は部分的にではあれ代行者に任せているのである。

†主権者のために働く助言者

主権者を補佐するもう一つの存在が、先にも触れた助言者である。イングランド議会だけでなく宮廷、枢密院、その他王を取り巻く様々な者たちが、自分たちこそ王の良き助言者だと自認していた。これに対しホッブズは『リヴァイアサン』で一章を割いて（二五章）助言について論じ、主権者に従いその政治を支える助言者像を明確化しようとしたのだ。

ホッブズによると、命令者は自分の利益を高めるために人に「〜をせよ」と命じるのに対し、助言者は助言相手の利益のために助言する。しかも助言された側は助言を聞き入れる必要はなく、その助言が気に入らなければ採用しなくても構わない。さらに助言は明確な言葉によって理路整然と行なわなければならない。こうしてホッブズは、主権者に媚びへつらって言葉巧みに主権者をそそのかし、自分の利益を実現しようとする人々を助言者から排除しようとしたのである。［L二五章（二）一五〇－一五四］。

助言者には幅広い知識が求められる。たとえばホッブズは「相応《ふさわ》しい助言者」の条件をいくつか述べているが、そのなかで彼は、助言者がコモンウェルスの平和と防衛に関する知識を持つべきだと説いた。具体的には、人間の性質や統治者の権利、法などについての知識、そして近隣国の物産や防御力などについての知識である。こうしたものは研究だけで得られるものではなく、政治に携わった経験も必要である。一方で行政のすべてを経験した者などいないので、経験だけではなく研究も必要だ［L二五章（二）一五七－一五八］。

ただしホッブズは、それぞれ専門知識を持った多数の助言者たちが、主権者に対して個別に助言することを理想とした。彼が最も警戒したのは、多くの人々が集団を組んで主権者に助言することである。内部で合議して助言内容を決める助言者集団は、助言者同士が弁舌で互いを煽るので、理屈に基づいた議論によって適切に助言することなどできない。それよりも、助言者たちがそれぞれの「固有の領域」において、他の助言者と結託することなく個人で主権者に助言する方が望ましいのである。［L二五章（二）一五八－一六二］。この説明が、王の助言者を標榜していた議会に対する批判であることは想像に難くない。

†代行者かつ助言者としての聖職者

ホッブズは助言論を使って、政治と宗教の関係も整理しようとした。**2**で見たように、ホッブズは政治権力者が教会をコントロールする政教一致を目指した。だが、実は『リヴァイアサン』以前の著作において、聖職者の役割を大きく認める記述も残している。たとえば『市民論』では、最高命令権者（主権者）が信仰に関して判断する際、聖職者を通して聖書を解釈しなければならないと述べる［ホッブズ二〇〇八：四〇九］。これでは、主権者がキリスト教に関する事柄をすべてコントロールしようとしても、聖職者の見解を必ず聞かなければならないので、主権者の意思決定は拘束されてしまう。

これに対し『リヴァイアサン』でホッブズは、助言論によって聖職者支配の可能性を完全に排除しようとする。彼は、カトリック教会の長であるローマ教皇の権力を正当化する意見に対し、教会には主権も強制権力もなく、ただ「教える権力」だけが残されていると反論する。そもそもキリストは現世において、将来現われる「神の王国」へと人々を誘い準備を促す、助言者としての役割を負っている［L四二章（三）一八八、一九三］。よってキリストの弟子である使徒、そしてその弟子である聖職者たちも命令者ではなく助言者なのである［L四二章（三）二〇七］。

聖職者は主権者の代行者としても振る舞う。ホッブズは、聖職者が神の代行者として国を統率するのは誤りだと考えている［L四七章（四）一三九－一四二］。そうではなくて、裁判官が主権者の代行者であるように、聖職者は「最高の牧者」たる政治的主権者の代行者である。主権者が教皇に聖職者の任命権（叙任権）を委託することはあるが、だからといって主権者は教皇の支配に服することにはならないのである［L四二章（三）二七〇－二七一］。

†主権者による統制と多元性

主権の絶対性が強調されるホッブズの議論において、主権者の命令は絶対であり、代行者や助言者が刃向かうことは許されない。最終決定権はあくまで主権者にある。一方で代行者は自分で判断する権限を委ねられており、助言者も自分の知見を誰にはばかることなく伝達することができる。よって彼らは主権者に完全に拘束されているとまでは言えない。

ホッブズの議論は、イングランドにすでにいた代行者や助言者を排除するのではなく、むしろ取り込む役割を果たしている。彼は、内戦の原因にはアクターに対する統制の緩さがあると見ていた。ただし彼は、既存の権力構造をリセットして「専制化」するのではなく、既存の多元的秩序をベースに主権者の権限増強を図った。こうした具体的な改良モデルこそ、知による政治社会の改良を目指すホッブズの〈啓蒙〉的プロジェクトが生み出した「処方箋」である。

4　ホッブズ主義と啓蒙思想

これまで、時代状況に対応したホッブズの言説に込められた〈啓蒙〉的側面を見出そうとしてきた。しかし残念ながら、ホッブズが専制擁護者で無神論者だとのイメージが先行し、彼の思想は同時代人そして後世の人々に偏見を持って受け入れられた。特に十七世紀後半から十八世紀にかけて、ホッブズの思想に賛同する者たちは「ホッブズ主義者」(Hobbist)の名で呼ばれたが、この言葉はホッブズを危険視する者たちによる一種のレッテルとして機能した。ただし批判の嵐の中でも、彼の言葉は徐々に人々を変え、〈啓蒙〉していったのである。

†ホッブズ主義への批判

ホッブズの思想が危険だとのイメージが定着するのは、一六六〇年に共和制が終焉し君主制に回帰する「王政復古」の後である。一六六五年、ロンドン市（現在は金融街として有名な旧市街シティ）の大半が灰燼に帰した。この「ロンドン大火」を機に合理的な都市再開発が進んだ一方、火事は神罰だとして犯人捜しも行なわれ、ホッブズの議論が無神論だとして槍玉に挙がった。この時代、無神論者が社会の中で生きていくことは困難である。そのため彼は執筆を通じて弁明を繰り返すが、自説を撤回し赦しを請うものではなかった。

この時代のホッブズへの風当たりを考える上で見過ごせないのがスカーギル事件である。ケンブリッジ大学のスタッフであったスカーギルは、ホッブズの哲学への賛同を公言したため、異端の疑いをかけられ停職処分となった。一六六九年にスカーギルは、ホッブズへの傾倒と無神論を悔いて撤回する文書を発表する。この文書はその後、ホッブズ主義がいかに危険な思想なのかを示すものとして流布したのである［Parkin 2007］。

ただしこの事件を検討したパーキンによると、スカーギルは撤回文書において、自分が最も支持したホッブズの機械論哲学にはあまり触れていない。そのかわり、すでにホッブズの議論としてよく知られていた、政治権力による教会や宗教のコントロール、すなわち政教一致を強調していた。スカーギルは、神の存在証明に関する正統学説に挑戦しうる、ホッブズの機械論哲学への賛同は曲げなかったのである［Parkin 2007］。

スカーギルのようにホッブズに傾倒した者たちは「ホッブズ主義者」と呼ばれるようになったが、この言葉は侮蔑的な意味合いを含んでおり、彼らへの風当たりは強かった。そのため彼らは自分たちが社会から排除されないようカモフラージュする必要に迫られた。しかしホッブズの作品は、禁書によって一時姿を消すことはあっても読み継がれた。こうして十八世紀の「啓蒙の時代」においても、ホッブズ主義は地下水脈のように続いていったのである。

†ヒュームによるホッブズへの批判

十八世紀スコットランド啓蒙の代表的存在と言えるデイヴィッド・ヒューム（一七一一－一七七六）は哲学者として有名だが、当時は大著『イングランド史』を書いた歴史家として知られていた。このうち共和制の時代から名誉革命までを描いた巻の中で、彼は以下のようにホッブズの哲学体系には弱点があると述べ、特に政治学と宗教論の問題を指摘する。

この時代、ホッブズ以上に国外、国内両方で有名なイングランドの作家はいなかった。しかし現在、彼は大層無視されている。推論と哲学に基づく名声がいかに危ういかを表す、生き生きとした実例である！　その時代の習俗（manners）を描き、自然を忠実に描く楽しい喜劇は、長く持ち堪える作品であり、最近の世代にも受け継がれる。しかし物理的にしろ、形而上学的にしろ、ある体系が成功するのは一般にその新しさによる。そして体系が公平に精査されるや否や、体系の弱点が発見されるのである。ホッブズの政治学は暴政を促すことだけに適しており、彼の倫理学はだらしなさを促すものである。彼は宗教の敵であるが、懐疑の精神を何ら持っていない。むしろ人間理性、特に彼自身の理性が、こうしたテーマにおいてこれ以上無いほどの確信に到達できるかのように、彼は自信過剰で独断的である。［Hume 1983: VI:153］

ヒュームはこの文章を執筆するにあたって、十七世紀フランスのベールが編纂した『歴史批評辞典』を参照したようである［Russell 2008］。まさに百科事典と言ってよいこの本は、十八世紀の啓蒙思想家に多大な影響を与えたことで知られる。ベールは「ホッブズ」の項で、ホッブズは無神論と言われているが、神について正当な意見を持っていたとの声もあると紹介する。そして彼が既存の神学を退けたことを評価する一方、その遠慮のない主張によって不遇を被ったと述べる［ベール 一九八四：三二三、三二九］。一方ヒュームはベールとは異なり、ホッブズの学問には問題があると手厳しく指摘している。ヒュームは上記引用部の後に、彼はホッブズの人格を褒める記述も添えてはいる。だが彼は引用部において、ホッブズは暴政の擁護者であると明言し、その宗教批判は、ヒュームが重視する懐疑主義に基づく批判ではなく、独断的なものにすぎないと切り捨てている。

†ヒュームが見たホッブズの「独断」

批判の背後には、まったく違う両者の思想がある。すでに見たようにホッブズは、人々の契約によって政治体制は作られると考え、主権者が一人である君主制と暴政、専制に本質的な差はないと主張していた。一方ヒュームは、君主への服従が暗黙の同意に基づくことを否定する［ヒューム 二〇一一：三八二］。さらに、為政者をも拘束する法の存在を強調して権力乱用を防止する「法の支配」の意義を示し、法の支配がある文明的な君主制と、それがない野蛮な君主制、専制を明確に区別している［ヒューム 二〇一一：八二、一〇二］。

ただし実は類似点もある。たとえばホッブズは恐怖が迷信の起源であると説明していたが、ヒュームも同様の記述を残している［ヒューム 二〇一一：六五ほか］。また政教分離ではなく政教一致の議論を展開するのも同様である。ヒュームは、教会権力と世俗権力の分離は聖職者による権力の乱用を生み、迫害や宗教対立、そして宗教戦争をもたらしたのだと指摘する［ヒューム 二〇一一：四九］。また彼は、カトリックからの離脱と国教会設立により教会と世俗権力を統合し、争いを回避したヘンリー八世を評価する［Hume 1983: III:206］。

このような類似にもかかわらずヒュームがホッブズを批判したのは、引用部にもあるようにホッブズが独断的であったからである。ここで「独断」（dogma）とは、人間は確たる原理に基づき「自分たちの世界は～である」と断定し説明できるのだと考える、独断主義（独断論）のことを指している。独断主義とそれを否定する懐疑主義は、哲学の歴史において対立してきた［松枝 二〇一六］。たとえば究極的な原因として神を置いたホッブズの宗教論は独断主義である一方、究極的な原因など見つけられないと考え、神の存在は証明できないとするヒュームの議論は、普遍的原理を疑う懐疑主義の現われである。[10]

さらにヒュームが言うホッブズの「独断」は、自分の能力に過剰な自信を持ち、知識をひけらかそうとする高慢さとしても解釈できる。ホッブズは、主権を絶対的なものにする「理性の原理」を自分は探究によって見つけ出し、『リヴァイアサン』で読者に提示したと公言している［L三〇章（二）二六一－二六二］。理性の〈光〉によって読者を〈啓蒙〉するホッブズの態度は、懐疑主義者ヒュームには傲慢に映ったのかもしれない。

†ヒュームを〈啓蒙〉したホッブズ

しかし、ヒュームはすでにホッブズから〈啓蒙〉されていたと見ることもできる。ヒュームは自分を「ホッブズ主義者」と糾弾する人と戦っていたのであり、彼自身はホッブズを手本として哲学体系を組み立てていたとの解釈もある［Russell 2008］。ヒューム本人はホッブズを手本にしたとまでは述べていないが、無神論の疑いをかけられていたヒュームには、無神論の代名詞とも言えるホッブズへの傾倒を公言できなかった事情があった。

ヒュームはホッブズの中に自分を見ていたのかもしれない。先に紹介した『イングランド史』からの引用においてヒュームは、習俗を描いた作品は長く残る一方、哲学体系は目新しければ成功するが弱点もすぐに発見されると述べていた。これは、哲学作品が無神論だと批判にさらされる一方、歴史や習俗習慣を観察し分析した『イングランド史』は脚光を浴びた、ヒュームの生き様と重なり合う。つまり彼はホッブズの哲学体系を批判しながら、実は常に批判にさらされている自分についても語っていたのではないだろうか。

ホッブズへの否定的イメージが強い時代にあって、啓蒙思想家は肯定的な側面を見出そうとしていた。

たとえば『百科全書』の編者ディドロは、自ら書いた「ホッブズ主義」の項目の中で、ホッブズの議論の難点を多数指摘する。それでも、「彼が犯した間違いですらが、ありきたりな真理をつづり合わせた多くの本よりも、人間精神の向上に寄与している」と、捻《ひね》くれた表現ではあるが意義を認めている［ディドロ 一九八〇：一九〇－一九一］。ヒュームもホッブズへの偏見に惑わされることなく、正当に評価しようとしたのである。

ホッブズとヒューム、二人の思想の隔たりは見過ごせないものがあるものの、二人とも政治や宗教を含めた人間社会のメカニズムを学問の力で解明したことに変わりはない。ヒュームにとってホッブズは、反面教師ではあったかも知れないが、自らの思想を生み出した苗床であり、学問探究の道に〈光〉を照らす存在でもあったのである。

おわりに

本章を通して、ホッブズの思想が現実と向き合い編み出された、知による世界の改良を目指す〈啓蒙〉の産物であることが見えてきた。彼の穏当な処方箋は必ずしも評価されず、むしろ偏見の眼差しで見られたが、それでも後の世代を確実に〈啓蒙〉していたのである。

無神論者というホッブズへの否定的なイメージは、十九世紀そして二十世紀と社会の世俗化が進むと緩和され、彼はむしろ世俗化論者として評価されるようになるが、彼が心血を注いだ宗教論は注目されなくなってしまった。一方で欧米そして世界各国の民主化が進み人々の政治参加が当たり前になるにつれ、専制主義者ホッブズとしての負のイメージは逆に強化されたと言えるだろう。

民主化と政教分離が進んだ時代に生きるわれわれにとって、君主制も暴政も同じだと述べ、政教分離ではなく政教一致を説く彼の思想は、古く劣った暴論のように映ってしまう。たしかにホッブズの議論は当時としても極端ではあるが、この「暴論」は十七世紀イングランドを文字通り生き延びた彼が、平和実現のため考え抜いて編みだしたものである。一方のわれわれは、彼ほどに考え抜いて今の時代を見つめ、生きているだろうか。

啓蒙思想の成果だけを見ると、人間社会が古代から近代へ、野蛮から文明へとまっすぐ進歩すると考えてしまう。だがこの道筋が、既存のものの見方と戦った先人たちによって、何度も引き直されたものであることをわれわれは忘れがちである。特にホッブズの思想は、他の人々に違う道筋を引こうと思わせる力を持っていた。一方のわれわれは、先人たちの苦闘の成果をただ「当たり前」として享受するだけではないか。ホッブズの存在は、もはや権威や偏見と化した「当たり前」の存在に気づくきっかけを与えてくれる。彼のような〈光〉に誘発されて、われわれは自分たちの未来に自分たちなりの〈光〉を照らすのである。

＊凡例　ホッブズ『リヴァイアサン』［Hobbes 2012］からの引用については、略号Lの後、章、邦訳の巻数と頁数を示す。引用は必ずしも既訳に従っていない。

（1）　ただし情報の公開性などを加味すれば、権威主義国家は死者数を少なく見せているだけであり、優位性は見られないとの分析がある［安中 二〇二二］。なお現代の比較政治学において、民主主義と権威主義は対概念として用いられることが多い。

（2） 近年、この争いの主役をピューリタン（清教徒）に限定することへの疑問から、「イングランド内戦」と呼ぶことが多い。さらに内戦ではなくスコットランドやアイルランドを巻き込んだ戦争だとして、「三王国戦争」と呼ぶことも増えた［岩井 二〇一〇］。

（3） 別の箇所では、物事には原因があると考えそれを探し求める人間の好奇心が、将来降りかかる災厄への恐怖に苦しむ人々に、見えない原因を想像させると述べる［L一二章（一）一八一－一八四］。ホッブズが人間本性に基づく「自然宗教」と好奇心とを関連づけた背景として、フランスのリベルタン（libertin）からの影響が指摘されている［Paganini 2019］。

（4） ホッブズは別の箇所で、人間は「無限なもの」を思い描くことも、その概念を持つこともできないので、人間にとって神は理解不能だと述べる［L三章（一）六五］。

（5） ホッブズは後年『ビヒモス』で、長老派聖職者は内戦を招いた元凶の一つだと主張した。

（6） ただし内面に持つ信仰を言葉や行為として表明し、政治・宗教権威に公然と反抗することは不正義である。また主権者はこのような「外面的行為」を取り締まる権威を持つ。

（7） ホッブズの議論を、「暗黒の王国」に対抗し、宗教の合理化などによって「光の王国」を立てようとする、啓蒙の営みと考える研究として、Stauffer［2018］がある。

（8） 本節について詳しくは上田［二〇二二］を参照。また、啓蒙の視点から初期近代イングランドの君主主義を扱った木村［二〇一四］も参照。

（9） ホッブズは『市民論』で主権の権利と行使を区別し、代行者や助言者を通して命令権を行使する主権者が、行政のすべてに直接関与するのは自然の秩序に反すると述べる［ホッブズ二〇〇八：二四九－二五〇］。同書で国家は、人々全員が主権者である民主制から始まるとされており、人々は主権の行使を委ねても潜在的には主権者であり続ける［Tuck 2015］。

（10） ただしヒュームは、懐疑主義者と独断主義者の争いは言葉の争いであり、疑いや確証の程度が違うだけだとも書き残している［ヒューム 二〇二〇：一九七―一九八］。

▒参考文献

アリストテレス（二〇〇一）『政治学』〈西洋古典叢書〉牛田徳子訳、京都大学学術出版会。

安中進（二〇二一）「民主主義は権威主義に劣るのか？――コロナ禍における政治体制の実証分析」『中央公論』一三五巻九号、七四―八一頁。

岩井淳（二〇一〇）『ピューリタン革命と複合国家』〈世界史リブレット〉山川出版社。

上田悠久（二〇二一）『〈助言者〉ホッブズの政治学』風行社。

梅田百合香（二〇〇五）『ホッブズ　政治と宗教――『リヴァイアサン』再考』名古屋大学出版会。

ガイ、J（二〇一〇）「君主制と助言制度――国家の諸形態」P・コリンソン編『オックスフォード ブリテン諸島の歴史6――16世紀　1485年―1603年』井内太郎監訳、慶應義塾大学出版会。

木村俊道（二〇一四）「君主主義の政治学――初期イングランドにおける「文明」と「政治」」犬塚元編『岩波講座・政治哲学2　啓蒙・改革・革命』岩波書店。

ディドロ、D（一九八〇）『ディドロ著作集〈第2巻〉哲学II』小場瀬卓三・平岡昇監修、法政大学出版局。

ヒューム、D（二〇一一）『道徳・政治・文学論集［完訳版］』田中敏弘訳、名古屋大学出版会。

ヒューム、D（二〇二〇）『自然宗教をめぐる対話』〈岩波文庫〉犬塚元訳、岩波書店。

ベール、P（一九八四）『歴史批評辞典II』〈ピエール・ベール著作集〉野沢協訳、法政大学出版局。

ポーコック、J・G・A（一九八九）「「保守的啓蒙」の視点――英国の啓蒙と米・仏の革命」福田有広訳、『思想』七八二号、六七―九六頁。

ホッブズ（二〇〇八）『市民論』〈近代思想コレクション〉本田裕志訳、京都大学学術出版会。

松枝啓至（二〇一六）『懐疑主義』〈学術選書〉京都大学学術出版会。

Goldie, M.（2001）“The Unacknowledged Republic: Officeholding in Early Modern England,” T. Harris ed., *The Politics of the Excluded, c.1500–1850*, Palgrave.

Cromartie, A.（2006）*The Constitutionalist Revolution: An Essay on the History of England, 1450–1642*, Cambridge University Press.

Hobbes, T.（1994）“The Prose Life,” J. C. A. Gaskin ed., *The Elements of Law, Natural and Politic: Part I, Human Nature, Part II, De Corpore Politico*, Oxford University Press, pp. 245-253.

Hobbes, T.（2012）*Leviathan*, ed. by Noel Malcolm, 3 vols., Clarendon Press.（ホッブズ『リヴァイアサン』〈岩波文庫〉水田洋訳、改訳、全四巻、岩波書店、一九八五–一九九二年）

Hume, D.（1983）*The History of England from the Invasion of Julius Caesar to the Revolution in 1688*, foreword by William B. Todd, 6 vols. Liberty Fund.

Israel, J. I.（2006）*Enlightenment Contested: Philosophy, Modernity, and the Emancipation of Man 1670-1752*, Oxford University Press.

Kenyon, J. P. ed.（1986）*The Stuart Constitution, 1603–1688: Documents and Commentary*, 2nd ed., Cambridge University Press.

Malcolm, N.（2012）“General Introduction,” *Leviathan*, vol. 1: Editorial Introduction, Clarendon Press, pp. 1-196.

Paganini, G.（2019）“Hobbes, the ‘Natural Seeds’ of Religion and French Libertine Discourse,” *Hobbes Studies*, 32（2）, pp. 125-158.

Parkin, J.（2007）*Taming the Leviathan: The Reception of the Political and Religious Ideas of Thomas Hobbes in England 1640–1700*, Cambridge University Press.

Paul, J.（2015）“Counsel, Command and Crisis,” *Hobbes Studies*, 28（2）, pp. 103-131.

Russell, P.（2008）*The Riddle of Hume's Treatise: Skepticism, Naturalism, and Irreligion*, Oxford University Press.

Sommerville, Johann P.（2012）“Early Modern Absolutism in Practice and Theory,” C. Cuttica and G. Burgess ed., *Monarchism and Absolutism in Early Modern Europe*, Routledge, pp. 117-130.

Stauffer, D.（2018）*Hobbes's Kingdom of Light: A Study of the Foundations of Modern Political Philosophy*, University of Chicago Press.

Tuck, R.（2015）*Sleeping Sovereign: The Invention of Modern Democracy*, Cambridge University Press.

【付記】本研究は、ＪＳＰＳ科研費（19K23178・22K13321）の助成を受けたものである。

コラム1

スコットランド啓蒙

上田悠久

スコットランドは、昨今イギリスからの独立が取り沙汰されるなど、ロンドンを中心とするイングランドとは異なる歴史と文化を持っている。この地に十八世紀、モンテスキューの『法の精神』に代表されるフランスの啓蒙思想が流入した。そしてスコットランド人の謹厳な気質や信仰心、域外との交流、そしてジョン・ロックやニュートンを生んだイングランドへの敬意と対抗心も相まって、大学の知識人や聖職者たちが知的サークルの中で知に基づく社会の改良を議論し、今日「スコットランド啓蒙」と呼ばれる思想潮流を育んだ。

十八世紀には消費経済や商業が発達し社会が「文明化」したので、利己心や欲望を否定するキリスト教道徳との折り合いが問題になった。すでに十七世紀にはホッブズが人間の私益追求は当然だと説き、十八世紀初頭にはマンデヴィルが、悪徳とされた各自の私益追求が実は社会全体の利益につながっていると述べ（「私悪は公益」）、物議を醸していた。

そうしたなかでフランシス・ハチスン（一六九四-一七四六）は、人間が利己心や自愛心を持つことを認める一方、他人の行為の中に道徳的に善いものを感じ取る良心すなわち「道徳感覚」の存在を主張する。そして仁愛（慈愛）に基づく利他的行為だけが有徳だと考えたハチスンは、スコットランド啓蒙の柱となる「道徳哲学」の道を切り開いた。

スコットランド啓蒙の大きな担い手は、この地の主流派であるキリスト教長老派の聖職者達である。彼ら穏健派は、啓蒙思想によって社会や宗教を文明的なものに改良しようとした。

しかし有名なのは、より急進的な思想を展開したデイヴィッド・ヒューム（一七一一-一七七六）であろう。ニュートンに影響を受けた彼は『人間本性論』（一七三九-一七四〇）において、人間の本性（nature、性質）に基づいた「人間の学」の構築を宣言する。そして、原因と結果のつながりは必然的ではないと述べるなど、確実な原理の存在を疑う「懐疑主義」を追求し、神の存在をも自明とは考えなかった。このため彼は無神論者のレッテルを貼られ、大学教授職に就けなかった。

ヒュームは文明社会のメカニズムに関心を持っていた。彼は、人々が共感によって同じ対象に対して同じ感情を持つことを、弦の共鳴になぞらえ説明する。また正義や所有権の基盤には、他人のものを奪い取るのではなく手を触れないことこそ自分の利益になると気づく、人々の共通感覚があると述べる。そして奢侈《しゃし》（贅沢）を経済の原動力として肯定し、消費活動が生産技術など知的水準の向上を促し文明が発展すると述べた。

ヒュームを継承しつつ、文明社会の虚飾を批判するルソーにも応えたのがアダム・スミス（一七二三―一七九〇）である。ハチスンの教えを受けた彼は『道徳感情論』（一七五九）において、人間は利己的ではあるが憐れみや共感などの利他的感情も持ち合わせていると指摘する。そして人々は自分の心の中に打ち立てる無私無欲な「公平な観察者」の判断に沿って行為すると主張したのである。

またスミスは『国富論』（一七七六）において、人間が利己心に基づきモノを交換する性質や、分業による生産性の向上に注目した。そして政府が介入せず市場に委ねておけば、価格の自動調整機能すなわち「神の見えざる手」が働き、モノの価格は地主・資本家・労働者の三階級それぞれにとっての適正価格に落ち着くという。利己心の肯定は『道徳感情論』との矛盾も指摘されるが、彼は「私悪は公益」のメカニズムを解明したのだ。

スコットランド啓蒙の爆発的とも言えるうねりはフランス革命後にしぼんでしまうが、その影響は計り知れない。たとえばアメリカ建国の父たちはスコットランド啓蒙の著作を読んでいた。ヒュームの懐疑主義は、近代哲学の金字塔であるカントに影響を与えている。スミスが道を開いた近代経済学が、今日のスタンダードとなっているのはいうまでもない。一方文明と野蛮を対比的に捉える啓蒙思想家の考えは、多様性を重視する今日の価値観とは相容れない。最近ではヒュームが残した「黒人は白人に劣っている」との人種差別的な記述が、ＢＬＭ(Black Lives Matter) 運動で批判を受けている。

■参考文献

柘植尚則（二〇二〇）『近代イギリス倫理思想史』ナカニシヤ出版。

第Ⅱ部　啓蒙の形成

第3章　啓蒙における不寛容の問題と寛容論
――十八世紀フランスの議論を中心として――

関口佐紀

はじめに

大衆の偏見からの解放を使命と自任する啓蒙のプロジェクトにとって、信仰の極端な発露である迷信や狂信はきわめて重大な課題であった。とくに十八世紀フランスにおいて迷信や狂信が社会全体に対する脅威と認識された理由のひとつには、不寛容の問題がある。宗教改革の後にキリスト教の新旧派のあいだで起こった激しい宗教戦争の惨禍を経験したヨーロッパ諸国では、互いに異なる信仰や意見を抱く人々のあいだで平和を実現するための手段として、寛容が喫緊の課題であった。宗教の権威と地位が揺らぎ、個人の内面や良心の自由の重要性が認識され始めた時代にあって、思想家たちはさまざまな形で寛容について考察し、それを世俗的な社会で実現する方策を模索した。本章では、〈啓蒙の世紀〉十八世紀フランスにおける思想家たちの議論から、かれらが同時代の人々のうちに見出した迷信や狂信、不寛容の問題と、それを克服する方策としての寛容論の意義を検討し、宗教的な権威によらず世俗的な社会の安定と平和を実現しようとする政治の課題をどのように捉えたかを明らかにする。

不寛容の問題はけっして過去の問題ではない。たとえば、第四十五代アメリカ合衆国大統領ドナルド・トランプが不法入国者に厳格な刑事罰を科すとして二〇一八年に掲げた方針は「ゼロ寛容」政策と称され、その正当性を問う議論が百出した。アメリカに限らず、各国で見られる外国人に対する差別やヘイトスピーチもまた不寛容がもたらす問題の一種である。さらに、二〇一五年にフランスでシャルリ・エブド本社襲撃事件を含む一連のテロ事件が勃発した際には特定の信仰や文化に対する不寛容の問題が前景化し、ヴォルテール（一六九四－一七七八）の『寛容論』（一七六三）が再び多くの人々によって読まれたことも記憶に新しい。このように、民族に関してであるにせよ信仰や文化に関してであるにせよ、不寛容の問題は、互いに異なる意見や信念を持つ他者との共存という人間にとっての根源的な営みにおいて避けては通れない。それゆえ、不寛容がひとつのテーマとして思想家のあいだで共有された啓蒙の時代に立ち戻ることは、現代に生きるわれわれが自分たちの社会のあり方を問い直すための機会をもたらすだろう。

また、現代においてあえて近代の寛容論を取り上げることには、啓蒙や寛容の光によって生じる不寛容という影の側面を審らかにする狙いもある。後述するように、近代寛容論の礎を築いたジョン・ロック（一六三二－一七〇四）やヴォルテールらの寛容論にも「不寛容」な側面があった。寛容の名のもとに、いかなる対象に対し、どのような理由において不寛容が正当化されたのかを振り返ることで、世俗の安定や秩序といった理念のはらむ危うさや両義性が明らかとなるだろう。

1　啓蒙前史の寛容論

†寛容が意味すること

現代において、異なる意見や主張の存在を認め他者の信念や信条を受け容れる態度を意味する「寛容」の語であるが、まずはこの用語の歴史的意義を簡単に振り返ろう。

toleration（英）や tolérance（仏）、Toleranz（独）は起源をラテン語の tolerantia に遡ることができ、その動詞形 tolero は苦痛や困難、試練、苦境などを耐える、我慢することを意味した［Gaffiot 1934：1580］。つまり、なにか好ましくないもの、受け容れがたい事態や状況をなんとか受け容れるような、いささかネガティヴなニュアンスで用いられる語だった。こうしたラテン語の用法は他の言語へも受け継がれる。たとえば、十六世紀のフランスでは教義の単一性の理念のもとで統治が行なわれたが、旧来の信仰であるカトリックと新しく支持を獲得しつつあったカルヴァン派とのあいだで対立が激化していた。こうした状況を打開するために国王はカルヴァン派の信仰を一部容認する融和策を施行したが、これについて歴史家・詩人であるエティエンヌ・パスキエ（一五二九－一六一五）は、「より大きな躓きを避けるために、この躓きを大目に見る（tolérer）」［Pasquier 1966：85］と表現して、内乱の激化や暴力的な統治よりも少数派の信仰を容認する方が賢明であると評価した。この表現こそ、政策としての寛容が本来は受け容れ難いものをやむを得ず容認するという性格を持ったことを物語っている。

†ベールにおける相互的な寛容の基礎

つぎに寛容がどのようにして政治的な議論に組み込まれていったかを確認しよう。宗教的な対立に疲弊するフランスにおいて寛容にかんする考察に寄与したのはピエール・ベール（一六四七－一七〇六）である。かれは『「強いて入らしめよ」というイエス・キリストの言葉にかんする哲学的註解』（一六八六－一六八七）において、「寛容こそが平和の源、不寛容こそが混乱と騒動の源」であると主張した［ベール 一九七九：八四］。ベールは各人が個別の基準として「良心」を持ち、それに従って行動する権利を認める。だがその良心を理由に、すなわちキリストの教えと主張することで異教徒に改宗を強制したりかれらを迫害したりする行為に対しては非難する。このときベールは、キリスト教徒による迫害の正当化は自分が異教徒の立場であれば同様の迫害を認めることになるはずだという論理的な弱点を突きつつ、意志の行為に先行する知性によって真に正しいことを判断するのが神の定めた順序であると説く。このようなベールの議論は寛容の相互性や反省性として現代の寛容論にも影響を及ぼしている［川出 二〇一九］。

ベールの寛容論で興味深いのは、カトリックへの反発を強めるプロテスタントに対しても自戒を呼びかける点である。ベール自身もプロテスタントであったがゆえに亡命を余儀なくされたが、偽名で出版された『フランスへの近い将来の帰国について亡命者に与える重大な忠告』（一六九〇）において、君主制に反抗する亡命者たちの「風刺の精神」と「共和主義的精神」を改めるよう促している。かれは、反乱文書をとおしてフランスの体制に攻撃を加えようとする動きがかえって少数派への警戒を強める結果を招くことを憂い、「節度」こそが重要であると訴えた［福島 二〇一八］。このようにベールは対立する宗派間の紛争を目の当たりにして相互的な寛容の重要性を力説し、寛容論の礎を築いた。

†ロックの寛容論とその限界

寛容が議論の俎上に載せられたのは、フランスだけの事情ではない。「寛容概念の最初の哲学的生成」［Zarka 2002 : ix］に寄与したと評価されるロックがその思想を形成したのは、十七世紀のイングランドにおいてであった。ロックの寛容論は『寛容にかんする書簡』（一六八九、以下『書簡』）が有名であるが、それ以前にも『寛容論』（一六六七）を執筆しており、数十年にわたってその思想を形成している。イングランドでは、国王の離婚問題に端を発するローマ＝カトリック教会からの離脱と宗教改革の後に設立されたイングランド国教会のもと、国王が教会の首長を務めることが定められていた。それは、世俗的な権力者が宗教的な事柄についても権威を有することを意味する。こうした中で、世俗的な権力と宗教的な権力との分離を主張した点にロックの寛容論の功績がある。

ロックに従えば、政治的な共同体は「各人の現世的利益を確保し、維持し、促進するために構成された人間の社会」であり、現世的な利益すなわち生命、自由、健康、身体的苦痛からの解放、そして外的な事物の所有を各人に保障することが為政者の義務である［ロック 二〇一八：二〇］。それに対し、現世的な利益に関わらない事柄すなわち魂への配慮や信仰箇条、礼拝形式には為政者の権力は及ばない。なぜなら、これらの意見が世俗的な秩序に直接的な影響を及ぼすことはないからである。また、ロックは教会を「神に受け容れられ、また魂の救済に役立つと判断する仕方で神を公的に礼拝するために自主的に結合した人々の自発的な結社」と定義する〔ロック 二〇一八：二六〕。そして為政者はそれに対して寛容でなければならないと主張し、教義上の論争に為政者が干渉する権利を否定する。このようにロックは政治的権力の及ぶ領域と教会の権威が及ぶ領域を峻別し、いわゆる政教分離の原則を明示した。

国家と教会の分離と一言でいっても、そこには複雑で微妙な問題が付きまとう。ひとつは「非本質的事項」の問題である。これは聖書で魂の救済に必要であると明示されない事柄や行為を指し、たとえば礼拝における服装や所作など、具体的な規定が各教会の判断に委ねられるものである。しかるに、これらが宗教的な事柄であるとしても、礼拝の形式のもとで反政府的な集会が行なわれる可能性も否めず、世俗的な秩序に対する影響力が皆無であるとは断言できない。そのため非本質的事項の扱いは政教分離の重要な課題であるが、ロックは初期の『寛容論』で非本質的事項を為政者の統制下に置くのに対し、後期の『書簡』ではそれらが教会に持ち込まれたときには「為政者の管轄権の範囲外へと移る」〔ロック 二〇一八：六二〕と述べて、宗教的な領域にかんする政治的な権力を制限した。

このように宗教的な事柄にたいする寛容の原理を確立するロックであるが、政治的な共同体の目的に照らして、寛容の原理が適用されない場合があることも認める。第一に、「人間の社会に反し、政治社会の維持に不可欠な道徳的規則に反する意見は為政者によって寛容に扱われるべきではない」〔ロック 二〇一八：九二〕。第二に、「自分たち自身に、政治的な事柄にかんして他の人間以上の特別な特権や権力を与えようとする者、また、宗教を口実として、教会共同体を同じくしない人々に対する何らかの権威を要求する者」も寛容の原理からは除外される〔ロック 二〇一八：九四〕。つまり、政治的共同体が構成員に付与する権利は公平かつ平等に付与されるものであり、特定の宗教的な共同体において特殊的に許される権利や禁止される権利があってはならないのである。

第三に、ある教会への加入が別の君主の保護下に入ることを求める宗教についても、ロックは為政者による寛容の権利を認めない。ここでかれが想定するのはイスラム教であり、キリスト教国家内で生きるイスラム教徒は必然的にキリスト教による統治を否定することになると指摘する〔ロック 二〇一八：九六〕。さらに第四に、ロックは無神論者にも寛容を認めない。かれはその理由を「人間の社会の絆である約束、契約、誓約といったことが無神論者を縛ることはない」点に求める〔ロック 二〇一八：九六〕。教義を口実とした紛争や迫害が問題視されたイングランドに向けて、聖書の文言を引用しながらキリスト教の教えに即して寛容を説く『書簡』においては、社会を秩序づける同じ道徳を共有できない人々に対して寛容の原則が制限されるのである。このことは、寛容をめぐる議論の歴史的変容や発展を適切に理解するうえで慎重に受け止めなくてはならない事実である。

ここまで、十七世紀における寛容の議論を概観した。人々のあいだに衝突や紛争をもたらした原因を考察しつつ、それを克服する方策として寛容の議論を構築していく方向性はこの時代にすでに固められていたことがわかる。

2　啓蒙の世紀における寛容論

本節では、十八世紀に寛容論がどのような進展を見たかについて論述する。とくに、なぜ啓蒙期の思想家たちが寛容を共通の旗印として掲げたのか、寛容の重要性を説くうえでどのような原理に訴えたのかを探ることを目指す。

†進歩の弊害としての迷信および狂信

近代的な科学と知識の集大成と目される『百科全書』(一七五一―一七七二)には、フランス語で著述した啓蒙思想家たちの時代認識が鮮やかに描き出されている。編者のひとりであるダランベール(一七一七―一七八三)はその序論の中で「光明の数世紀」に先行する数世紀を無知の時代と形容し、無知から生じる迷信(superstition)の猛威がヨーロッパに荒廃をもたらしていたと述べる[ディドロ/ダランベール編 一九七一:八三―八五]。そして、そのような「野蛮な状態」から解放されるためには、迷信を離れて自らの知性で行動し、思考する自由が必要であると説いた[ディドロ/ダランベール編 一九七一:八五]。

ヨーロッパから追放されるべき敵として認識された迷信について、もう少し詳しく見ていこう。「迷信」は『百科全書』第十五巻(一七六五)においてジョクール(一七〇四―一七八〇)が執筆を担当した項目の中で、「誤っており、悪い方向へ導かれ、空虚な恐怖に満ち、理性と、最高存在にかんして持つべき健全な考えとに反している、宗教の信仰」と定義される[*Encyclopédie*, vol. XV: 669-670]。別の言葉では「恐怖が我々の魂に及ぼす魔術や魔力のようなもの」と説明されるとおり、迷信が生まれるのは人間の想像力のはたらきであるとみなされる。ジョクールは、このような迷信の理解をフランシス・ベーコン(一五六一―一六二六)の論説に負っている[(1)]。ひとたび迷信が宗教に根付くと、それは「自然的な知恵を消滅させ、健全な頭を混乱させる」可能性があり、延いては「人間の最も恐るべき災厄」をもたらす。

ジョクールもまた「無知と野蛮」のイメージと迷信とを結びつけており、やはり啓蒙の世紀において迷信が共通の敵として認識されていたことがわかる。

当時、迷信とともに危険視されていたものがある。それは「狂信（fanatisme）」である。『百科全書』でジョクール（一七五六）は、迷信を外的な行動に移したものを狂信とみなす［*Encyclopédie*, vol. XV:670］。そこで同書第六巻（一七五六）に所収された項目「狂信」を参照すると、執筆者アレクサンドル・ドレール（一七二六－一七九七）はそれを「迷信的な意見から生じ、愚かで不正で残酷な諸行為を犯させる」ものと定義している［*Encyclopédie*, vol. VI:393］。そしてかれは、古代から近代に至るまで、さまざまな宗教において観察された蛮行すなわち宗教的な信念に基づいて行なわれた身体への加害や虐殺を列挙して、いかなる宗教においてもこれらが許容されるべきでないことを論ずる。特筆すべきは、狂信の原因として、理性に反した教義や残忍な慣習とともに、不寛容が挙げられている点である［*Encyclopédie*, vol. VI:398］。ドレールは、異なる宗教や宗派に向けられた不寛容が狂信を生み、そこから迫害に発展すると指摘する。つまり、人間の想像力の誤った行使が宗教的な観念と結びついて迷信が生まれ、その迷信に基づいて行なわれた行為が狂信であると考えられ、これらが現実の社会に惨憺たる結果をもたらす原因として危険視されたのである。

† 狂信の悲劇

以上のように啓蒙の思想家たちは社会の進歩を妨げる迷信や狂信を危険視したが、それらが社会に影響を及ぼす現実的な問題として表出したとき、それを解決するための方策を社会に訴える行動を起こした人物がいた。啓蒙の時代を牽引した著述家として名高いヴォルテールである。かれの主著のひとつである『寛容論』は、近代において寛容の原理に確固たる地位を与えた名著として今なお読み継がれている。ヴォルテールが同書を執筆した当時の状況に照らしつつ、それが読者に語りかけることを読み解いていこう。

『寛容論』第一、二章で詳述されるとおり、一七六一年にフランス南西部のトゥールーズで起こったカラス事件はヴォルテールを同書の執筆に駆り立てた。この事件は、商人ジャン・カラスの長男が絞体で発見されたことに端を発する。驚くべきことに、このとき父親であるジャン・カラスが殺人の容疑をかけられた。実はこの家族は複雑な事情を抱えており、それがまさに信仰の問題と関わっていたのである。当時のフランスでは、プロテスタントに信仰の自由を認めたナントの勅令（一五九八）が撤廃され、プロテスタントの信仰はもちろん、国外亡命も禁じられていた。フランスの地方とくに南仏にはプロテスタント信者も多く、ジャン・カラスとその家族も、表向きには教会で洗礼を受けた「カトリック教徒」でありながら秘密裏にプロテスタント信仰を保っていた。こうしたさまざまな事情が絡み合うなか、ある噂がまことしやかに流される。すなわち、死体で発見された青年は実はカトリック教徒で、ジャン・カラスは息子の信仰を認めることができなかったという噂である。そしてこの噂が示唆したのは、プロテスタントの信仰を断念する息子の命を奪う「狂信者」である父親の姿であった。捜査と裁判の結果、ジャン・カラスは一七六二年三月に有罪を宣告され、無実の主張もむなしく残忍に処刑された。

この事件を耳にしたヴォルテールは、「恐ろしき狂信がどちらの側にあるのか、私は知りたい」〔Voltaire, vol. 108 : 347〕と語り、真相の究明に注力していく。つまり、もしプロテスタントの父親がカトリックの息子の命を奪ったのが真実であるならば父親の狂信が悲劇を招いたのであり、もし父親が冤罪であったならば無辜の市民を死刑に処したトゥールーズの世論のうちに狂信があったということである。歴史的な顚末としては、ヴォルテールの精力的な活動が功を奏し、一七六五年に同事件の再審理が行なわれて被告の無罪が言い渡された。一家族を見舞った悲劇がこれほどまでに大きな事件として歴史に刻まれたのは、ヴォルテールがその筆を通して多くの人々の感情と世論に訴えかけ、再審によって無辜の市民の名誉を回復しえたからであろう。だが、信仰のゆえに迫害を受けた人々の声は、その多くが歴史の闇に埋没していったのである。ヴォルテールが書物を通じて読者に伝えたのは、狂信の危険性とそれを克服する方策としての寛容の重要性であった。

†ヴォルテールの寛容論

プロテスタントとカトリックの対立、そして恐るべき狂信が招いた悲劇のうちに、ヴォルテールは「寛容、慈悲、憐憫についてのいくつかの考察」〔ヴォルテール 二〇一一：二四〕を展開する契機を見出した。そして著わされたのが『寛容論』である。

同書でヴォルテールが示したのは、寛容の原理は多くの人々にとって利益をもたらすことである。かれは古代ギリシアやローマの歴史にまで遡って寛容が社会の安寧に寄与し不寛容が害をなすさまざまな歴史的事例を挙げながら、「寛容は内乱を招いたためしは全くなく、不寛容が地球を殺戮の修羅場と化してしまった」〔ヴォルテール 二〇一一：四四〕と強調する。そして、同書の目指すところが「社会の物質的ならびに精神的幸福」であり、「諸国民の利益」のために寛容を選び取るよう読者に呼びかける

［ヴォルテール 二〇一一：四四－四五］。『寛容論』が辿る人間の歴史は、行き過ぎた信仰である狂信が他者に対する不寛容として現われると、社会に大きな害をもたらすことを物語っている。ときに理性をも屈服させる狂信と不寛容の恐ろしさを読者に知らしめることで、寛容の原理こそがそれらの弊害を克服して人類に利益をもたらすことを伝えようとしたのである。

『寛容論』が現代においてもなお多くの読者の支持を得ている理由のひとつは、人間の理性の進歩に対する信頼が確固たる筆致で表現されている点にあるだろう。かつて迷信と結びついて行なわれていた残虐な行為が過ちであったことに気づく人間の様子が、次のように描写される。

> 哲学、宗教とは切っても切れぬ関係にあったあの哲学が独力で、迷信によってかくも長いあいだ血まみれになっていた手から武器を取り上げたのである。そして酩酊からさめた人間精神は、狂信にかられるままに犯した数々の暴虐にわれとわが目を疑ったのである。［ヴォルテール 二〇一一：三八］

ここでは、哲学の作用によって人間が酩酊状態から覚醒し、かつて迷信によって行なわれていた行為の残虐性を反省するに至ったことが示されている。ヴォルテールが過去の暴虐の例として挙げるのは、たとえばカルヴァン派とカトリックとのあいだの紛争、ジャンヌ・ダルクの焚刑、狂信者による国王の暗殺など歴史的な出来事の数々である。これらの例を列挙しつつ、かれは次のように語る。

> 独断的精神とキリスト教の間違った理解に由来する行き過ぎに端を発する狂乱が、ドイツ、イギリ

ス、さらにはオランダにさえ、フランス同様に流血を招き、災禍をもたらしたのである。だが今日これらの国家では、宗教の相違がいかなる紛争も呼ぶことはない。［ヴォルテール 二〇一一：三七］

つまり、宗教に由来する対立が過去に紛争を招いたとしても、人間にはその状態を脱することが可能であることを読者に示しているのである。ヴォルテールのこのような論述には、人間の精神が暗闇から光明の時代へと進歩していくという啓蒙思想家としての信念が反映されている。

†治療薬としての理性

ここまで、ヴォルテールが不寛容の弊害を克服して人々に利益をもたらす方策として寛容を説くことを確認した。つぎに、いかにして人類が寛容を実現することができるのかをヴォルテールの思想に即して考えていこう。

前項で触れたように、かれは哲学によって人間の精神が進歩し、過去の酩酊状態から覚醒すると述べていた。このときヴォルテールが期待するのは人間にあまねく備わるはずの理性の働きである。理性が人間の精神を寛容へと向かわせることについて、かれは次のように述べる。

理性は緩慢ではあるが、間違いなしに人間の蒙を啓いてくれる。この理性は柔和で、人間味に富み、寛容へと人を向かわせ、不和を解消させ、徳をゆるぎないものにするのである。［ヴォルテール 二〇一一：四八］

このような論述からは、たとえ時間がかかるとしても、理性の働きによって人間は不寛容の弊害を認識し、寛容のもたらす利益へと向かうとヴォルテールが考えていることが伝わる。また、かれが理性を少しずつ伝播していくものと信じている点も興味深い。たとえば、一方でヴォルテールは、カラス事件などカトリックとプロテスタントの対立がフランスの地方で激化したことに関連して、「地方ではほとんどいつも狂信が理性に勝をおさめているが、パリでは、たとえその狂信がいかに強大でありえようとも、理性は狂信に打ち勝つのである」［ヴォルテール 二〇一一：二二］と述べて、都市と地方の相違を指摘する。他方、「理性は日々フランス国内で商人の店舗に、貴顕の館にと浸透しつつある。それゆえ、この理性の果実を大切に育てなければならない」［ヴォルテール 二〇一一：一五二］と説く。理性の浸透は緩慢な歩みかもしれないが、それは確実にすべての人間の精神に宿るものである。このようにヴォルテールが寛容の重要性を主張するとき、それを実現する鍵と考えているのは人間に等しく備わる理性なのである。

ヴォルテールが理性を重視するのは、『寛容論』以外の著作においても同様である。とくに『哲学辞典』（一七六四）では、迷信という「病」に対する治療薬として位置づけられている。かれは、「最高存在への崇拝と永遠の秩序への服従を超えるものは、ほとんどすべて迷信である。なかでも危険な迷信は、若干の儀式と結びついた免罪である」［ヴォルテール 一九八八：三八〇］と述べる。何らかの儀式のために殺人が許容されると信じること、あるいは何らかの儀式を行なうことで自然災害や罰を免れると信じることなどは、迷信の悪例である。つまりヴォルテールによる迷信批判の矛先は、その信仰が他者への危害を招いたり悪徳を助長したりする点に向けられる。ここで読者を驚かすのは、かれが迷信を「精神の病」［ヴォルテール　一九八八：三八二］と表現する点だろう。(2)もっとも、かれはそれがどのような点で「病」とみなされるのかについては説明しない。だが、いつしか「癒える」ものとして、人々を罪や悪徳へと駆り立てる迷信を「精神の病」に擬えるのである。

このとき、人間を脅かす病の治療薬として対置されるのは「理性」である。ヴォルテールはたとえば、異なる宗教間や宗派間で互いの教義を迷信であると非難しあう状況に対し、このような争いを解決するためには理性が行き渡るのを待つ必要があると分析する［ヴォルテール　一九八八：三八二］。さらに、かつてのキリスト教において見られた迷信とそれをもたらした法律に関連して、かれは「他の多くの虐待が存続していた時代に、理性がこれらの恥ずべき虐待を廃止したのは時間による以外になかったのである」［ヴォルテール　一九八八：三八三］と語り、迷信の抑制に理性の発達が必要だったことを語る。

では、このような人間精神の病からの解放は実際にどのようにして可能なのだろうか。ヴォルテールは中国やヨーロッパにおける司法のあり方に言及しつつ、ひとつの可能性を提示する。それはすなわち、政治の要である司法において迷信が撤廃されればブルジョワの習俗が変化し、そうして穏和になったブルジョワが危険な民衆を抑圧することで民衆の習俗もまた穏和になる可能性があるという希望的観測である。ブルジョワとは都市で経済や文化の振興に寄与した中産階級であり、身分的には貴族と民衆との中間層に位置した。したがってヴォルテールは、いわば上から人間精神の解放を実現し、やがてその効果を民衆全体にまで浸透させる展望を描いているのである。ここでもヴォルテールは、ブルジョワの習俗が変化したのは「理性と時間」によってであると述べる［ヴォルテール　一九八八：三八三］。やはり

「精神の病」である迷信の治療薬として有効であるのは理性であり、時間をかけて理性が行き渡ることで人類は迷信から解放されると考えられる。

以上、ヴォルテールの著作に即して、狂信や迷信の危険性、そして人間のあいだに不和をもたらした不寛容の弊害を明らかにし、その解決策としてヴォルテールが理性の普遍性と精神の進歩を頼みとすることを確認した。歴史的な事例に訴えつつ狂信や不寛容の弊害を読者に語り、人間にあまねく備わる理性の効果を示すことで、凄惨な対立から人間を解放しようと試みたかれの寛容論は、現代の読者にとっても多くの教訓を含んでいる。

3　寛容論の問題点

†ヴォルテールの寛容論における不寛容な側面

ヴォルテールの議論は、人間に普遍的に備わると想定される理性を拠り所として寛容の原理を浸透させようとした点において特徴的であり〔福島 二〇一八：一九二〕、こうした特徴も相まって近代における寛容論の礎を築いたと評価できる。[3] しかるに、そこに潜む不都合な事実を指摘しておかねばなるまい。というのも、ヴォルテールの寛容論には不寛容とも捉えられかねない側面が存在しているのである。

ヴォルテールは、『寛容論』第十八章において「不寛容が人間の権利である唯一の場合」が存在することを認める。冒頭の印象的な一節を引用しよう。

政府が人々の誤謬を罰する権利を持たないためには、これらの誤りが罪でないことが必要である。これらの誤りが社会の平和を乱すときにのみ、それは罪となる。それが狂信を示唆するやいなや、それはこの社会の平和を乱すのである。したがって、寛容に値するためには、まず人々は狂信者であるのを止めることから始めなければならない。〔ヴォルテール 二〇一一：一四二〕

ヴォルテールは、十六世紀に活動を開始し熱心な宣教活動で知られたイエズス会などを名指ししつつ、かれらがたとえ「自らの良心の動きに従っているのだ」〔ヴォルテール 二〇一一：一四二〕と主張したとしても、他宗派の教会を破壊するなどの蛮行に及んだ場合には寛容の権利を認めることができないと主張する。もちろんこうした例外はイエズス会にのみ適用されるわけではなく、その他の宗派についても適用される。他人の所有物を盗む、破壊する、殺人を犯すといった、人間の権利として認められていない行為を過度な信仰のゆえに行なう場合、ヴォルテールはそれを狂信とみなして寛容の原理から除外するのである。

また、『寛容論』においては無神論者の位置づけについても注意が必要である。たとえば第十章では、無神論は狂信とともに人間が陥る極端な傾向に位置づけられている。ヴォルテールは、無神論者を「自分たちが欺瞞によって規制されていたのを知って、真理の規制までをも斥け」てしまい、結果として「堕落に走ってしまう」人々であると述べる〔ヴォルテール 二〇一一：八四〕。ロックほど明確に寛容の原理から除外するわけではないにせよ、ヴォルテールはたしかに、無神論者の存在が社会に何らかの弊害をもたらすことを懸念している[4]。それは、理論と実践を突き詰めようとする無神論者がときに大胆な行動をも厭わないからである［ヴォルテール 一九八八：四五］。このように、ヴォルテールが寛容は諸国民にとっての利益であると主張する一方で、狂信者や無神論者に対しては注意を促し、寛容の原理に例外を設けていることには注意したい。

†暫定的な寛容策へのルソーによる批判

寛容の議論において不寛容な側面が残されるという問題は政策としての寛容策においても看取される問題である。本項では、ジャン＝ジャック・ルソー（一七一二―一七七八）による問題点の指摘に着目しよう。

ルソーは、不寛容が共同体に不和をもたらす原因となることを指摘する。宗教は「信徒たちが互いに平和のうちに暮らすことのみを求める」ものであるはずだが、「支配的な党派が弱小の党派を苦しめようとするか、あるいは弱小の党派が原理的に不寛容であり、ほかのいかなる党派とも平和に暮らしてゆけない場合」に限っては、国家のうちに騒乱を招きうる［ルソー 一九八二：五〇四］。かれの政治的主著として有名な『社会契約論』（一七六二）の草稿では、不寛容がもたらす悪弊について次のように語られる。

> 救済されるためには私と同じように考えなければならないというのは、まさに地上を荒廃させる恐ろしい教義である。都市からこの悪魔のごとき教義を取り除かない限り、公共の平和のために何もしていないのと等しい。［Rousseau 1964 : 341］

この一節には、不寛容の教義に対するルソーの批判が鮮明に表現されている。自分の信じる教義を他人にも強制するような宗教は、異なる信仰や意見を持つ人々の平和や幸福を否定する。そのような考え方が極端に至れば、異なる信仰や意見を持つ人々には自分に認められているはずの権利を認めないという危険な矛盾が生じるだろう。そこでルソーはこのような不寛容な態度に警鐘を鳴らす。

不寛容にかんする具体的な記述は、『社会契約論』第四篇第八章に現われる。そこでかれは、「世俗的不寛容と神学的不寛容とを区別するひとは、私の考えでは間違っている」［ルソー 二〇一〇：二一一］と明言する。ルソーによれば、「神学的不寛容が認められているところではどこでも、それはなんらかの世俗的効果を及ぼさざるをえない」ために、いかなる不寛容すらも認められるべきではない［ルソー 二〇一〇：二一一］。ルソーが言及するこのような区別について、もう少し掘り下げてみよう。

十八世紀にフランスで出版された辞典には、「寛容」はひとがいかなる意見を抱こうとも、特定の事柄を妨げずに許容することであると定義されている［*Dictionnaire Trévoux* 1771, vol. VIII:77］。その項目では、教会的寛容と世俗的寛容とがそれぞれ区別されて説明される。前者は教会が異なる意見や対立する意見を許容して認可を与えることを意味し、後者は国家の主権者が法律によって他宗教の実践を許可することを意味する。また『百科全書』に収められた「不寛容」の項目でも同様の区別が明示されており［*Encyclopédie*, vol.VIII : 843］、十八世紀のフランスにおいては教会の権威によって与えられる神学的寛容と世俗の権威によって与えられる世俗的寛容とを区別するのが一般的であったことがわかる。この区別はカトリックが支配的なフランス国内のプロテスタントに対する処遇に顕著である。寛容策は、宗派間の対立・迫害が苛烈を極めた宗教改革以降、世俗的秩序を安定させるために導入された次善策にすぎない。ある特定の宗派の人々に対し、教義上の相違は許容しえないものの、国家の法による恩恵を享受することは許容するという暫定的な政策である。

ルソーはこのような区別によって限定的に寛容を認める立場について、「この二つの不寛容は切り離しえない」と批判する［ルソー 二〇一〇：二二一］。その例としてルソーが言及するのは、フランス国内におけるプロテスタントの権利の制限である。当時、プロテスタントであるがゆえにカトリック教会から結婚の許しを得られないといった状況は、神学的な不寛容が世俗的な不寛容を招いていることを雄弁に物語っている。換言すれば、たとえ国内における衝突や紛争を避けるための暫定的な政策として特定の宗派に世俗的寛容を与えたとしても、教会内に不寛容が残存するならば、それは市民の生活にも影響を及ぼすのである。こうしてルソーは、神学的不寛容と世俗的不寛容とを区別して暫定的な決着を推し進めようとする同時代の寛容策のうちに陥穽を見出した。

†ルソーにおける寛容の原理

では、ルソー自身はどのようにすれば寛容を実現できると考えたのだろうか。かれは寛容についてまとまった著作を遺しておらず、それを体系的に提示することは困難だが、宗教や政治との関わりについて論じたテクストからその要諦をいくつか抽出することはできる。そこで、ルソーの考える寛容の原理について、政治的側面と個人的側面から指摘したい。

まず政治的な側面としては、政教分離の原則に基づき、主権者の関与できる範囲を公共の利益の限界内に留めることである。これは『社会契約論』第四篇第八章で明示される原則であるが、そこでルソーは、教義を決定する権限が主権者に属するような宗教の存在が国家にとって重要な意味を持つ場合があることを認める［ルソー 二〇一〇：二〇九］。ルソーの政治理論において、主権者は社会契約によって成立する国家を構成する個々人の集合的な人格である。したがって、主権者が教義を決定する宗教が国家に存在することを認めるとしても、たとえば国王のような特定の個人がそれを決定し、それ以外の国民がその宗教を信仰する義務を負うといった国教制度をルソーが容認しているわけではない。その宗教の教義を決定するのは、国家の主権者として政治的な決定に参加すると同時に、臣民としてその決定に服する人民全体である。つまり、各人が従うのは自分自身の意志によって決定した約束である［ルソー 二〇一〇：五二］。このとき、主権者の決定が及ぶ範囲は公共の利益に関する限りである［ルソー 二〇一〇：五二、二〇九］。ルソーがここで想定している宗教の教義は市民としての道徳や義務にしか関与せず、来世における個人の運命など国家の統治に直接的な影響を及ぼさない事柄には関与しない。ここから、主権者が関与するのは法や正義、市民としての義務についてのみであり、「各人は自分の好むままの信条を抱いてよいのであり、それは主権者の関知すべきところではない」［ルソー 二〇一〇：二〇九］という原則が確立される。

さらにルソーは、宗教的な事柄において政府の介入が容認される範囲についても考察している。『社会契約論』と『エミール』（一七六二）の出版後、それらが祖国ジュネーヴで危険思想として処分されたことを受けて、ルソーは自己弁護と反論のために『山からの手紙』（一七六四）と題した著作を出版した。その中でかれは、「宗教には何が本質的かということの分析から得られる格率の一つ」として、「人々は自分らに関連すること以外では他人の宗教に口出ししてはならない」ことを挙げる［ルソー 一九七九：三二八］。ここから、「宗教に対する侮辱的嘲笑、粗野で不敬虔な言辞、冒涜的行為」は処罰に値すると考えられる［ルソー 一九七九：三二九］。これらは特定の宗教を信仰する人々を侮辱する行為であり、その人々に対する精神的加害とみなされる。こうした侮辱および侮辱に対する報復をひとたび認めれば、人々は際限のない衝突から逃れることはできないだろう。そこでルソーは、宗教に対する侮辱的な行為を法律による処罰の対象と考える。

これに対し、宗教に関する推論については、それを罰することはできない。というのも、推論は人間を侮辱するものではなく、それ自体が物理的な衝突や騒乱を直接的に引き起こすことはないからである［ルソー 一九七九：三二九］。また、ある推論が誤っている場合には別の推論によってそれを反駁するのが道理にかなっている。それにもかかわらず政府が特定の推論に処罰を下すことについて、ルソーは根拠のない格率であると喝破する。そしてこのような状況を容認する人々には「寛容の精神」が欠けていることも指摘する［ルソー 一九七九：三二九］。こうした一連の記述から、政府は特定の宗教とそれを信仰する人々を侮辱する具体的な行為を罰する権限があるとしても、宗教にかんする推論を罰する権限は持たないとルソーが考えていること、さらに推論に対する政府の介入が寛容の精神に背くと考えていることがわかる。

別の著作では、ルソーは寛容の実現に向けて各個人が考慮すべき事柄についても論じている。それは、パリ大司教クリストフ・ド・ボーモンの名において『エミール』の教育論と宗教論に向けられた批判に対し、ルソーがしたためた反駁の書簡である。ルソーは、宗教の典礼よりも内面的な心の信仰を重視する自然宗教の考えを展開したことで有害な教義を鼓吹したと非難された。これに対し、かれは自らが著作に込めたのは「平和と和合と愛徳の教え」であると反論する［ルソー 一九八二：五一一］。

ルソーが著作で展開した考察は、さまざまな宗派の教義が互いに異なるものであり、ある宗派において「真実」とみなされていることが別の宗派では「誤謬」とみなされる可能性を指摘するものであった［ルソー 一九八二：五一一］。かれはその考察を通して、各人が自らの宗派の教義を絶対的に正しいと信じるのではなく、特定の宗派が正しいと教える事柄を相対化することで、各人が「寛大さと穏やかさ」を身に着けることができる道筋を示した［ルソー 一九八二：五一一］。つまりルソーの教えは、各人が自己の信仰を相対化しつつ、互いに誤謬を犯す可能性を認めあうならば、人々のあいだには分裂の翳りではなく和合の光を見出すことができるという希望に満ちた教えである。多方面からの毀誉褒貶に苦しんだルソーが読者に伝えようとしたのは、他者の意見を攻撃する不寛容がもたらす分裂と憎悪の負の連鎖に対して、個人の意識において実行しうる寛容への取り組みであったといえる。

おわりに

本章では、啓蒙における寛容論に焦点を当てて、それが活発化した歴史的な経緯を参照しつつ寛容の原理を詳らかにした。時代や国家が異なるとはいえ、本章で扱った寛容論に通底することは、不寛容が人間のあいだに不和や衝突をもたらし、それを解決するためには寛容の原理を確立することの他にはないという確固たる信念であった。近代において火急の争点であった宗教的な対立やそれに起因する迫害は現代においてもなお禍根を残しており、それに加えて、不寛容が問題となる領域は国籍や民族、性別や性自認・性的指向、価値観など多岐にわたる。こうした現代に生きるわれわれにとって、近代の寛容論を参照することはどのような意義を持つだろうか。

たとえば、政治と宗教の関係にかんして、われわれは寛容論の歴史から双方の権限の範囲がどのように定められてきたかを学んだ。一方で、政治的な権威に強制されたり阻害されたりせずに各人が信念や信仰を自由に選び取る権利は、多大なる迫害や抵抗の末に勝ち得たものである。他方で、信教の自由のもとで特定の宗派が力を結集し、世俗の秩序や安定を脅かすようになれば、多様な人々が共生する社会の理念や目的が損なわれるだろう。こうした微妙な均衡で成立する政治と宗教の緊張関係において、寛容の原理は両者の適切な距離を測るための指標として機能するだろう。

寛容の歴史は、われわれ一人ひとりにとっても有益な指針を示唆している。特定の個人や集団に向けられた不寛容な主張に直面したとき、自分が同じ立場に置かれたならばその主張を受け容れることができるかどうかを問う相互性の原理は、公平な議論のために忘れてはならない指針だ。また、人間に等しく備わる理性を寛容の原動力と捉えることで、寛容をあまねく実現すべき原理であると考える啓蒙時代の所産も、現代にくすぶる不寛容の問題を解決するために重要な鍵を与えている。

もちろん、本章が光を当てた近代の寛容論には負の側面もあった。それはとくに無神論者や、狂信者とみなされた特定の信仰を抱く人々に向けられた不寛容のうちに顕現していた。現代においてもなお、不寛容に対する不寛容は認められるか、不寛容な人々に対しても寛容であるべきかといった問題にすべての人が納得する答えを提示することは難しい。この点について近代の議論がわれわれに示唆したことは、「無神論者」や「狂信者」など特定の意見や信仰を抱く人々をその信念ゆえに排除するのではなく、社会契約に代表される政治的な枠組において共存する道筋であった。もっとも、政教分離の原則のもとで多様な信仰や価値観をいだく人々をひとつの国家に包摂した弊害として、各国で勃発するテロ事件と政府の対応にまつわる一連の問題が継起したことは否定しえない。寛容論に潜在する不寛容な側面をいかにして克服していくかという問題もまた現代に受け継がれていることを自覚しつつ、議論を続けていくことが重要である。

（1） 迷信と無神論とを対比させ、後者は世俗的な統治を混乱させることがないのに対し、前者が国家を脅かすと論じる点など、ジョクールの記述はベーコンの記述を繰り返している。ただし、ベーコンが迷信は人々の心の中に「絶対君主制」を打ち立てると論ずるのに対し、ジョクールは迷信を「専制的な僭主」と表現している点は、啓蒙の世紀に生きるジョクールにとって君主制よりも専制こそが唾棄すべき政体であったことを物語っている［Bacon 1909-14 : ch. XVII］。

（2） 『寛容論』では狂信が「精神の病」と表現される［ヴォルテール 二〇一一：第五章］。

（3） 福島［二〇一八］によれば、ヴォルテールはロック流の政教分離を目指さず、むしろ教会の国家への従属を弁護した［二〇七－二〇八、注三二］。

（4） 『百科全書』の項目「寛容」は、「無神論者は自らのために寛容を請求してはならない」と、厳しく断ずる［*Encyclopédie*, vol.XVI:394］。

▒参考文献

川出良枝（二〇一九）「政治的寛容――ポリティーク派からピエール・ベールへ」『思想』一一四三号、一六一－一七六頁。

ディドロ／ダランベール編（一九七一）『百科全書――序論および代表項目』桑原武夫訳編、岩波文庫。

福島清紀（二〇一八）『寛容とは何か――思想史的考察』工作舎。

ベール、ピエール（一九七九）『寛容論集』〈ピエール・ベール著作集 第2巻〉野沢協訳、法政大学出版局。

ヴォルテール（一九八八）『哲学辞典』高橋安光訳、法政大学出版局。

ヴォルテール（二〇一一）『寛容論』中川信訳、中公文庫。

ルソー、ジャン＝ジャック（一九七九）「山からの手紙」川合清隆訳、『ルソー全集　第八巻』白水社。

ルソー、ジャン＝ジャック（一九八二）「ジュネーヴ市民ジャン＝ジャック・ルソーからパリ大司教クリストフ・ド・ボーモンへの手紙」西川長夫訳、『ルソー全集　第七巻』白水社。

ルソー、ジャン＝ジャック（二〇一〇）『社会契約論』作田啓一訳、白水Uブックス。

ロック、ジョン（二〇一八）『寛容についての手紙』加藤節・李静和訳、岩波文庫。

Dictionnaire universel françois et latin : vulgairement appelé Dictionnaire de Trévoux, nouv. éd., corrigée et considérablement augmentée, Paris : Par la Compagnie des Libraires Associés, 1771.

Encyclopédie, ou, Dictionnaire raisonné des sciences, des arts et des métiers, par une société de gens de lettres, Paris, 1751-72.

Gaffiot, F.（1934）*Dictionnaire abrégé latin français illustré*, Paris : Hachette.

Bacon, F.（1909–14）*Essays, or Cousels, Civil and Moral,* edited by Charles W. Eliot, The Harvard Classics, P.F. Collier & Son.

Locke, J.（2006）*An essay concerning toleration : and other writings on law and politics, 1667-1683*, edited with an introduction, critical apparatus, notes, and transcription of ancillary manuscripts by J.R. Milton and P. Milton, Oxford University Press.

Pasquier, E.（1966）*Lettres historiques pour les années 1556-1594*, publiées et annotées par D. Thickett, Droz.
Voltaire, *Œuvres complètes*, Oxford : Voltaire Foundation, 1968-2020, 200 vol.
Zarka. Y（2002）*Les fondements philosophiques de la tolérance : en France et en Angleterre au XVIIe siècle*, sous la direction de Y. C. Zarka, F. Lessay, J. Rogers, Presses universitaires de France.

【付記】本章はＪＳＰＳ科研費 21K01309 の助成を受けた研究成果の一部である。

コラム2

フランス啓蒙思想の諸相

関口佐紀

啓蒙という「十八世紀ヨーロッパの知的運動」を特徴づけるのは、「世界における人間の地位および人間の境遇の根本的な改善」にかんする近代的な理解の展望であった［ロバートソン 二〇一九：一二］。こうした理念は十八世紀フランスにおいて『百科全書』に結実した。ダランベールは序論において、人間の知識の源泉を感覚に求める近代的な哲学に則りつつ、知識および諸学問の進歩を描出した。その叙述からは、十八世紀の思想家が過去の時代を野蛮な状態として相対化し、知識と技術の獲得こそが進歩への原動力であると信じていた様子が窺われる。彼らが「野蛮」と表現する過去を象徴するのは、知識と学問の発展を妨げたスコラ哲学、そして諸学問に溶け込んだ宗教的迷信や偏見である［ディドロ／ダランベール編 一九七一：九六］。そこから帰結したのは、信仰や意見の異なる人々のあいだで繰り広げられる紛争や迫害といった惨禍であった。こうした暗く血腥い時代を経た十八世紀フランスでは、昏迷の原因である無知と迷信からいかに人々——思想家たちから見た「大衆」——を解放するかが喫緊の課題として認識されたのである。

『百科全書』の共同編者であるドニ・ディドロ（一七一三－一七八四）は、自身が執筆を手掛けた多くの項目の中に、スコラ主義的な学問やキリスト教思想、当時の支配体制にたいする批判を織り込み、さらに哲学や美学、演劇論など多分野の書物を著わして啓蒙の世紀における中心的な役割を担った。ディドロは感覚を知識や認識の基礎と想定するだけに留まらず、生理学的な実験・観察に基づいて感覚や意志、情念などが生じるメカニズムを解析し、物質が世界を構成する究極的な原理であると考える唯物論を徹底した。その合理的な思考形式は形而上学や神学の批判にも向けられ、理性による理解の範疇を超えた奇蹟や啓示宗教を否定する。とくに『盲人書簡』（一七四九）では、自然の驚異に基づいて神の存在を認める理神論を退け、無神論を支持した。

ディドロは、市民を奴隷の状態に陥れる専制を厳しく論難した点でも啓蒙思想を牽引した。ヨーロッパ諸国の植民地主義の歴史を叙述したレナル師（一七一三－一七九六）の『両インド史』（一七七〇－一七八〇）への協力および貢献をつうじてディドロが示したことは、絶対的な権力による国内の専制と植民地政策に看取される国外の専制への批判であった。そして、抑圧された人間による自然的な権利を行使した反乱と革命を是認した。

たしかに啓蒙思想家は既存の体制に反発したが、暴力を行使する革命や体制転覆を必ずしも支持したわけではなかった。たとえば、身体的感性から人間を理解する感覚論者であるエルヴェシウス（一七一五－一七七一）は社会における公益の実現を重視したが、公教育制度の改革から私益と公益とが一致する社会の実現を目指した。

啓蒙思想家の関心はフランスのみならず、ロシアやポーランド、太平洋諸島、アジアなど世界の諸地域にも向けられた。ディドロやヴォルテールは、語学に堪能で『百科全書』にも親しんだロシアのエカテリーナ二世（在位一七六二－一七九六）と交流し、自らの助言が統治改革に具現化することを期待した。エカテリーナを開明的な君主として称賛するヴォルテールは、領土拡大を目指すロシアがポーランドにおける宗教的少数派の保護を口実として内政干渉を行なうことを支持した。これに対し、ロシアの改革に懐疑的なルソーは、ポーランド貴族による反乱運動と共和国としての独立を支援した。

当時出版された多くの旅行記は、奢侈や悪徳に染まったヨーロッパ流の文明との対比において原始的で素朴な社会への関心を惹起した。「善良な未開人」や「高貴な未開人」への眼差しの後景には、「文明」に対する「野蛮」という構造の固定化や植民地経済のもとで存続する奴隷制の容認などの問題があったことも看過できない。

後の革命で、君主制の打倒、人権宣言や奴隷制廃止が実現した（ただし奴隷制はナポレオンが復活させた）。現代の水準に鑑みれば多くの論点に差別や偏見が残るとはいえ、啓蒙の知的活動は精力的な科学的探求と活発な言論活動が切り拓く世界の広大さを示している。

■参考文献

ディドロ／ダランベール編（一九七一）『百科全書――序論および代表項目』桑原武夫訳編、岩波文庫。
ロバートソン、ジョン（二〇一九）『啓蒙とはなにか――忘却された〈光〉の哲学』野原慎司・林直樹訳、白水社。

第4章　来たるべき友情のために
――カント『啓蒙とは何か』とその歴史的意義について――

隠岐理貴

はじめに

Lumières、Aufklärung、Enlightenment。「啓蒙」と訳されるこれらの単語は「光」を核とする概念である。それは十八世紀ヨーロッパの著述家たちによって、たとえば「啓蒙の時代」という形で、「現在」の特異性を際立たせるために用いられた。すべての人間に与えられ、また人間を他の動物たちから際立たせるものである理性の光に導かれ、偏見や先入見に基づく既存の権威を打倒し、人類が理性的かつ道徳的に生きる道を切り拓こうとする態度こそが、かの時代を際立たせる。

もっとも、このようなパラフレーズに対しては、理性に導かれて偏見を打破しようとする「態度」は、どれほど遅くとも西洋哲学史の始まりにおいてすでに見られたものではなかったか、という疑問が即座にわく。それはたとえば、プラトンが『ゴルギアス』において描き出す、「料理」のように聞き手のご機嫌をとり、強者に「迎合」するために知性を用いる技術としての「弁論術」に真理の開示を目的とするそれを対置するソクラテスの姿にハッキリと現われている〔プラトン 一九六七〕。

一つの動かぬ事実に着目してみることはできる。すなわち、十八世紀の少なからぬ哲学者たちが、自分たちの暮らす時代には、比較を絶した〈新しさ〉があるという意識を持っていたことである。十七世紀初頭に使われ始め、十八世紀後半になると「現在」を意味する言葉として書物に頻繁に登場するようになったドイツ語の――字義通りには「新しい時」を意味する――「Neuzeit＝近世」という単語は、こうした意識の端的な表現であろう。しかし、では何が新しかったのか。

本章ではかかる問いかけに、一つの角度、しかしあくまで一つの角度から応答すべく、「啓蒙の時代」という表現を実際に用いたイマヌエル・カント（一七二四―一八〇四）という一人の哲学者に目を向ける。われわれは、カントという一人の人物が、それまで様々な社会的地位の著述家たちを巻き込みながら展開されてきた啓蒙という名の多元的運動の渦中で、その運動の指針と促進の条件を示すことで、いわばこの運動を自己と向き合わせ、当事者たちにその舵取りを託す瞬間を目撃する。そしてわれわれは、啓蒙の促進へと人びとを促すカントのうちに、まだ見ぬ不特定多数の他者＝読者公衆との友情に、啓蒙の命運を賭ける哲学者の姿を見出し、そのことの意義を問う。

1　啓蒙の時代

†脱出としての啓蒙

カントの論文『啓蒙とは何かという問いに対する回答』(以下では『啓蒙とは何か』)は、プロイセン王立科学アカデミーの懸賞論題への応答として、一七八四年に『ベルリン月報』に寄稿されたものである。まずは同論文において、カントが「啓蒙」をいかなるものとして描いているかを概観しよう。

カントは同論文の冒頭で真っ先に言う。「啓蒙」とは自らの悟性を用いることができない状態＝未成年状態、それも「自分にその責任がある」未成年状態からの「脱出」である、と。[1]「啓蒙」＝「脱出」というこの等式は、たとえば現代の日本語で「啓蒙活動」などと言う場合にわれわれが考えるのとは異なる啓蒙理解を示している。カントにとって啓蒙の本質は、何かを知ることや自分が知っていることを他人に教えることにあるのではなく、何よりも自分自身の悟性を用いようとする態度、つまり普通の言い方をすれば自分の頭で考えようとする「勇気」と「決意」にこそある。そして、今日でもドイツで初等教育を受けた人なら誰もが知っているほど有名な「啓蒙の標語」を雄々しく告げるのだ。「敢えて賢かれ(*Sapere aude*)! 君自身の悟性を用いる勇気を持て!」、と[WiA VIII, 35]。

では、「自分にその責任がある」ような「未成年状態」とはどのようなものだろうか。それは、その状態が「怠慢と意気地のなさ」に起因する場合である。カントはそこからの自発的脱出の困難を以下のように述べる。

未成年でいるのは気楽である。私の代わりに語性を持った書物があれば、私の代わりに良心を持った魂の世話人[＝聖職者]がいて、私の代わりに食餌について判断してくれる医者がいてくれれば云々。そうであれば私自身が苦労するまでもない。支払いさえすれば、私は考える必要がなく、他者がうんざりするような仕事を私の代わりに引き受けてくれる。〔WiA VIII, 35〕

お金を払いさえすれば、面倒な精神的労働から解放されることができる。「怠惰」な人間はそう考える。「意気地なさ」の説明も社会に生きる人間の性格についての同様の洞察を含んでいる。カントは大部分の人間は、自分で考え始め、精神的な成熟へと一歩を踏み出すことを「困難」なだけでなく、「危険」でもあると見ていると言う。しかし、すぐさまその危険の知覚は、人びとの「監視」を「慈悲深くも」引き受けることで「かの先導者たち」が用意したものである〔WiA VIII, 35〕、と続け、人びとが未成年状態に長くとどまろうとしてしまう理由が、権力者の思惑によるものでもあることを指摘する。そして、皮肉めいた言葉をさらに続ける。

〔先導者たちは〕、彼らの家畜をまず愚かにしておき、このおとなしい被造物たちが、彼らがそのうちに閉じ込めておいたあんよ車から敢えて踏み出すことがないように細心の注意を払ったあとで、自分で歩こうと挑戦するときに迫る危険を彼らに見せつけるのだ。ところでこの危険は実はさほど大きくない。というのも彼らは何度か転ぶうちにいずれ歩けるようになるのだから。しかし、そのような実例は萎縮させ、一般にさらなる挑戦に対して怖気づかせる。〔WiA VIII, 35f.〕

† 哲学者の二重の挑発

『啓蒙とは何か』冒頭のこれらの言葉を見ると、この問いに答えようとするカントが、二種類の読者層に同時に語りかけていることに気づかされる。すなわち、自分自身の「啓蒙」を自分で遂行すべき一般読者層を一方に置き、しかし同時にそもそも「啓蒙とは何か」という問いを懸賞課題に選んだ統治エリート層にも語りかけているように見える。彼はほとんど前置きなしで、統治層なるものは人民が愚かであることを望み、そのために腐心するものなのだと公に語るのだ。それは、おそらく気づく人はとっくに気づいている一種の公然の秘密である権力者の底意（だとカントが考えるもの）を、態度決定のための判断材料として読者公衆に向けて決然と語ると同時に、その次第を権力者自身にも見せる所作である。それは公衆と権力者の両方に対する挑発である。つまり、一方で公衆には〈ご存知のとおり、あなた方は愚かでいた方が権力者にとって都合よいようですが、あなた方はどうしますか？　社会にとって有用な臆病者でいることがあなた方の望みでしょうか？〉と問いかけ、他方で同時に君主に対しては〈われわれはあなた方の思いは承知しておりますので、その点を踏まえて行動なさるのがよいでしょう〉というメッセージを発しているのである。しかも各自が啓蒙を遂行することで何がどう変わるのか、そうするメリットは何かを読者に語るよりも前に、両者を挑発するのである。一方に対しては頭ごなしに脱出せよと説き、他方に対してはその邪魔をするなと言うのだ。そうすることによって、カントはいったい何を実現しようとしているのだろうか。

† 哲学者の駆け引き

カントの挑発的な調子の意図がようやくハッキリ見えてくるのは、『啓蒙とは何か』の終盤に差し掛かるところからである。カントはやはりいささか唐突に大きな問いを発し、それに自ら答えて言う。「われわれは今、啓蒙された時代に生きているのだろうか？と問うならば、否、しかし啓蒙の時代には［生きている］というのが答えとなる」［強調は筆者］、と。[2] カントはこのように告げる段落の末尾で「啓蒙の時代」をさらに「フリードリッヒ［大王］の世紀」と呼び、まるで時の王こそが時代の主体そのものであるかのように思わせる修辞を展開する［WiA VIII, 40］。しかし、それに先立つ記述をよく読めば、この言葉が王へのたんなる世辞ではなく、カントが同論文において告げる時代診断がその妥当性の確保のために要請した王への進言であることが見えてくる。この点を焦点として同段落を熟読しよう。

「今」を「啓蒙の時代」と呼んだ後にカントが紡ぐ言葉は、そのまま彼の同時代診断である。それは「全体として見れば」、つまり人類全体の歩みという観点からすれば、人びとが宗教に関わる事柄について、「他者の指導なしで自身の悟性を安全かつよく用立てるには、まだ非常に多くのものが欠けている」という言葉から始まる。「他者の指導なしで」という表現にせよ、悟性を「用立てる」という形象にせよ、カントが『啓蒙とは何か』の中で用いる「啓蒙されざる者」＝「未成年」、すなわち「手が使えない（unmündig）」者というイメージと共振しており、親方に指導されていた若き徒弟が、「後見人」などと訳される「手で先導する者（Vormund）」の手を離れ、自分で判断し、必要な道具を使えるようになっていく様を思わせる。「今」の人びとにはまだ、そこまでを期待することはできない。「しかし」、と彼は続ける。「今、自由にそちらに向かって労をとるための土地ならば、人びとに対して開かれており、全ての人の啓蒙、あるいは彼ら自身にその責がある未成年状態からの脱出の妨げが次第に減っていくことについてであれば、明確な兆しがある」、と。このときカントが「耕す／加工する＝bearbeiten」や「土地／畑＝Feld」といった言葉によって、暗に「耕作」、すなわち人文主義的「教養（cultura）」の、ひいては古代ギリシアにおける「魂の形成」のイメージを喚起しているように見える点は興味深い。過去から継承されてきたこうしたイメージは、カントが描く「今」という座標において、すくと立ち上がり、それまで世話をしてくれた他者の手を払い除け、自らの悟性の使い勝手を自らの手で確かめながら、信じるべきものを自分で決め、自己のための知的労働に励んでもよい段階に入った人類という像を結ぶ。

†啓蒙の進路

さてカントは、修辞的装飾を散りばめたこの段落を「この観点からすれば、この時代は啓蒙の時代、あるいはフリードリッヒの世紀である」という言葉で締めくくる［WiA VIII, 40］。人類が「先導者」の「手」を離れる瞬間を迎えつつあるというのがカントの時代診断だとすれば、変化の舞台である「世紀」を君主の名で呼ぶことのうちに、当の君主が遠回しの警告を読み取らないとすれば、その君主は愚鈍であろう。カントは自立の時を迎えつつある人類の歩みを止めに入った愚か者として後世に名を残すのではなく、むしろ「政府の側から」人類を「未成年状態」から解き放った君主として後世に名を残す方が望ましかろうと告げる［WiA VIII, 40］。つまり、彼は「世紀」の主体として名指した君主に、市民の自由な言論活動の「土地」に踏み込み、その「妨げ」となることなく、むしろ人類の歩みの確かな「兆し」の一つであるよう進言している。カントは世俗的権力の執行者に、いずれはその権力の正統性の源として処遇されるようになるべき人民の一人として、直接語りかけることが許されるどころか推奨される時が「今」であり、それは君主の現在の統治と死後の名声にとって悪くない時であることを、その公共的言語実践によって示していると言えよう。それは、「今」についての診断のただなかで「今」に相応しい判断の実例を示しつつ、その判断に強大な軍事力を誇るプロイセン君主の同意を取り付け、この先の運動が進むべき「土地」を守らせようとすることである。

カントは「兆し」という、卜占や気象予報を思わせる言葉に忠実に、君主と同胞市民の両方に向けて「今」より少し未来の景色をも描く。「人間的事象の奇妙かつ予想外の、そのほとんど全てがパラドキシカルな歩み」を、である。すなわち、市民的自由の度合いが大きければ、「人民の精神の自由」にとって有利であるかに「見えはする」ものの、実際にはそれに対して乗り越えられない制限を設けてしまうのに対し、市民的自由の度合いが少なければ、人民の精神にその能力の限り己を拡張させる「余地」が生まれるというパラドックスである。そしてカントは、「自然」が「この堅固な殻」のもとでとても優しく「配慮」してきた「種子」、すなわち「自由な思考への性向と天命」を展開させたあかつきには、それが次第に人民の感じ方へ、そして最後には「統治の原則」にまで作用し、政府をしていまや「機械以上（mehr als Maschine）」である人間を、その尊厳に相応しい仕方で扱うのが有利であると思わせるだろうと書き、論文を結ぶ［WiA VIII, 41f.］。

やはり比喩に満ちたこの結びの描写は、つまり何を言っているのだろうか。一つには、何の外的障壁もない状態よりも一定の制限下においてこそ伸長していく人間精神の「奇妙」な本性を考慮するならば、市民に無制限な自由を与えればよいなどとは思わないばかりか、市民には自由に議論する場さえあれば十分であり、その程度の自由こそが望ましくもあるというメッセージである。そしてそれゆえに、第二に、人間精神の歩みの「今」の段階において、急いで既存の権力構造をどうこうすべきだと言いたいわけではない、ということであろう。〈聡明なる君主よ、ペンの自由へのわれわれの倹しい要求をあなたが恐れる必要はないのだから、永遠の名声のためにも今はただペンの自由を保護してくだされればよいのです〉、というわけである。もっとも、そこには〈自然の思し召しと人間精神の本性ゆえに、臣民が世俗権力の真の源泉となる日が来ることは避け難いのだが〉という、微かに脅迫的な響きがある。

いずれにせよ、いまや『啓蒙とは何か』におけるカントが行なっていることを、その基本線において理解するのは困難ではない。彼は人民が公共的な事柄、それもとりわけ前世紀のヨーロッパを火の海へと導いた「宗教」の問題について自由に語り合う空間を確保するために[3]言論を用いている。自ら『啓蒙とは何か』の主題である「理性の公共的使用」への「勇気」の実例を示しているのである。ここでのカントは、人民のために、自らの知的労働によってそのための空間を開かれたままに保とうとする人である。

ここには「読者世界の公衆全体」に向けて、「学者」すなわち「世界市民社会の一員として」、あらゆる集団につきまとう利害関心――それがあるがゆえにカントはたとえば教会のように規模の大きいものであっても「家内的」な集まりにすぎないとみなし、特定集団に向ける言語活動は理性の私的使用にすぎないとする［WiA VIII, 38］――を離れ、たんなる一個人として語るカントの姿がある。彼は、公衆にあらゆる公的な事柄について議論する自由を認めるよう権力者に訴えかけると同時に、読者に対しては「勇気」の「実例」となることで、他者と自由に、忌憚なく語り合う空間への「脱出」ルートを自ら示すのだ。

2　勇気はどこまで届くのか？

†心を開く「必要」

読者たちが時代の主体として名乗りを上げる「勇気」を、「啓蒙」という運動の只中でそのさらなる進展の条件として名指した『啓蒙とは何か』という小著は、ある時代の知的運動が自己へと向き直った瞬間の記録と見ることができる。しかしながら、「啓蒙」という人類規模のプロジェクトへと勇気を持って参与するリスクに比べ、そのメリットについては多くを語らずに自身の公共的言論実践を同時代、ならびに未来の読者に対して示すカントにはどれほどの勝算があるのだろうか、という疑問が残る。というのも、お金を払いさえすれば自分で考える労苦から解放されることができ、しかもその労苦には危険がともなうと感じているような「怠惰」で「意気地のない」人びとに、「勇気」の実例がそもそもどれほどの効果を持つのかについて、『啓蒙とは何か』は明らかにしていないように思われるからである。

こうした疑念は、カントの他の著作における社会、そしてそこで暮らす人間についての記述を見ると一層強まる。彼は『人倫の形而上学――徳論の形而上学的定礎』（一七九七）という晩年の著作で次のように述べる。

人間は（非社交的であるとはいえ）社会へと規定された存在であり、社会状態における文化のうちでは、（その際、何かを目論むということなく）他者に対して自らの心を開く必要（Bedürfnis）を強烈に感じる。しかし他方では、他者が彼のこうした思考を知ることによって、この発見を誤用する不安のせいで、息苦しく、また怯えて、自らの（とりわけ他者についての）判断の大部分を自らのうちに閉じ込めておかねばならないと感じるのだ。［TL VI, 471f.］

「非社交的社交性」という考え、すなわち人間は、一方では権力、所有、名誉において他者に抜きん出ようとしながら、しかしまさにそれゆえに他方では他者の視線へと近づこうとする根本傾向に衝き動かされる存在だという思考は、すでに論文『世界市民的意図における普遍史の理念』（一七八四）において示されていた［*Idee* VIII, 20ff.］。同論文の約十年後に公刊された『徳論』では、他者に心を開く「必要」（の感情）に従うことの難しさへと強調点がシフトしている。

人間は、できれば自分が政府、宗教等についてどう思っているかについて、他者と語り合いたいと思っている。しかし、彼はそれを敢えてやってみることができない。それは一つには、自らの判断を慎重に隠している他者が、自分の判断を自分の害となるような形で用いるからであり、また一つには、己の誤りを公にすることに関して言えば、他者は自らの誤りを隠蔽すると思われるが、もしも彼がその他者に対して完全に心を開いて（ganz offenherzig）自分をさらしてしまえば、その他者からの尊敬を毀損してしまうからである。［TL VI, 472］

カントのこうした見方を踏まえるならば、啓蒙の二つの主観的阻害要因に囚われた人びとにとって、勇気の行使がいかに困難かがむしろ際立つ。人びとは通常、他者の勇気の実例を前にしても、「他者からの尊敬」を失うリスクを考えてしまうのではないだろうか。[4]

† 勇気なしでも進む啓蒙？

興味深いことに、カントは『啓蒙とは何か』のうちでは勇気を未成年状態からの脱出の鍵と見ているにもかかわらず、啓蒙というプロセスは、主体的決意の有無とは無関係に進行するかのように描いている。というのも、カントは他人に考えてもらうことに慣れ切った状態から、勇気を持って脱出することの難しさを説いた直後、視線を「勇気」の主体となるべき個人ではなく、集団としての人びとの方へと移すのだ。そして、個人が勇気をふりしぼって考えを公表することよりは、人びとが集合体として自らを啓蒙することの方が「どちらかといえば可能である（eher möglich）」と言う。共同体の中には、すでに自分で考え始めている人たちがつねに一定数いるので、（意見を公表する）自由を人びとに与えさえすれば、共同体規模での自己啓蒙は勝手に進行するというのがその理由である。そして大衆レベルでの啓蒙のプロセスのトリガーとなる「何人かの自分で考える人びと（Selbstdenkende）」の特性としては、「自分自身の価値と人びととの自分自身で考えるという天命の評価を広めていく」という点を挙げるのみである［WiA VIII, 36］。

『啓蒙とは何か』の冒頭では読者に向けて力強い標語を掲げていたものの、その少し後になって上記のように読者への要求をやや和らげるカントは、勇気への呼びかけが即効性を持たないと踏んでいるのだろうか。勇気の実例は、万人の勇気を即座に喚起しないまでも、いかなる主観的理由によってかはわからないが、すでに勇気を発揮する心構えでいる人びとが社会の中に一定数いれば、共同体全体の啓蒙は不可避なのだから、それでいいと考えているかのように。なるほど学問と芸術を愛し、文人たちとの知的交流を楽しんでいたことで知られるフリードリッヒ大王が統治していた時代のカントの主たる狙いが、「学者」の存在意義を比較的高く評価していた君主による「上からの啓蒙」のさらなる推進であったとするならば、啓蒙の主体であるはずの人民に向かって語りかける体裁をとりながら、その視線は勇気の主体である人びとの頭上をかすめていくようにして大王に向けられていることに不自然な点はない。結局のところ、共同体の自己啓蒙のシナリオの描写にしても、それが警告として君主やその廷臣に届きさえすれば、カントにとっては差し当たり十分なのかもしれない。

しかし、果たしてそれだけだろうか。たとえ勇気の実例の即効性――こう言ってよければ感染力――にはさほど期待できないとしても、人民のうちから勇気への呼びかけに呼応する人びとが継続的に現われてくる希望を支えるものは、ないのだろうか。

†フーコーの示唆

二十世紀フランスの思想史家ミシェル・フーコー（一九二六―一九八四）が晩年に展開しかけたカント

の啓蒙についての解釈は、われわれのこうした問いかけに応答するための一つの手がかりとなるように思われる。彼は晩年のコレージュ・ド・フランス講義『自己と他者の統治』の冒頭で『啓蒙とは何か』、および『学部の闘争』におけるフランス革命論を取り上げ、「現在」の意味を問いかけたカントのうちに、古代における哲学的対話の形式の回帰を感じ取り、その形式をめぐる古代ギリシアの言説史を展開した。彼は、古代においてはお互いを真に信頼できるもの同士の間でのみ可能と考えられていたような、真理を目指す対話の基準、すなわち対話の当事者が洗練された「知識」と「率直さ」、そして互いに対する「好意」を備えていることが、カントにおいて読者公衆という不特定多数の他者同士の間の対話のうちで再び要請されたのだと解釈しようとしていたように思われる（フーコー 二〇一〇：とりわけ四二六－四三六、および四五一）。しかし、その死により、フーコー自身がこの視座からカントのテクストを論じ尽くすことはなかった(5)。

この視座を継承し、ありえた解釈を隅々まで想像するのは大きすぎる課題だが、〈カントにおける古代的哲学対話の形式の変奏〉というモチーフを一つの指針とすることで、われわれの解釈地平を広げてみることはできる。すなわち、自己啓蒙へと読者公衆を鼓舞するカントは、その言論実践において「率直さ」を示すとき、他者＝不特定多数の読者のある種の「好意」への信頼に動機づけられているのかもしれないという想定が浮かび上がってくるのだ。

以下に示す解釈は、細部において論証と呼ぶにははなはだ心もとなく、せいぜいのところ解釈の青写真にすぎないが、カントが行なっていることの意味をもう一段階鮮明にするため、一つの試みとして、本書の読者に提示したい。

3　宛先としての自由への根源的関心?

†自己の価値の意識

われわれは勇気の作用に関する疑問を抱いたのであった。本節では、勇気の実例としての自己の言論実践に、読者が応答してくれる可能性に賭ける哲学者としてのカントを想像し、その視点から、上に見た「他者に心を開く必要」と実際にそうすることへの躊躇の間で揺れ動く人間の心に迫りたい。

社会の中で暮らす人間が心に鍵をかけてしまうのは、他者が自分の思考を悪用する不安ゆえであった。このような疑念が浮かぶのは、村落での集住生活をはじめた人間の基本性格ゆえである。すなわち、文明社会においては人間が不可避的に抱く、自己の「卓越した価値」の承認への欲求がそれである。

この想定の根拠は、『実用的見地における人間学』（一七九七）で提示される思考である。カントは「人間」の新生児だけが、生まれてくるときに泣き声を張り上げるのは、「痛み」ではなく自己の不自由に対する「嘆き」ゆえだという、客観性からはほど遠い見方を示す［*Anthr* VII, 328］。そしてやがて「三人称」（たとえば、「カールは……が欲しい」）ではなく、「一人称（僕／私）」で自己を名指すようになった（＝「僕は……が欲しい」といった形で自我（Ich）を主語として話すようになった）幼児についての推測的思考をも示す。カントは言う。生まれたときから「自己」の存在を感じている子どもは、「一人称」で語り始めたその日から、「その愛しい自己を、許されさえすればいつでも前面に押し出す」ようになる。そしてその日から、「自己中心主義（Egoism）」はとどまることなく亢進し始める［*Anthr*

127f.]。子どもは自らの「自己中心主義」を「見せかけの自己卑下と偽りの謙虚さ」によって偽装し、「公然とではなく……、こっそりと亢進」させるのだが、それは、より確実に他者から「卓越した価値を有するものとして判断」してもらうためである［*Anthr* 128］。ここに社交辞令と演技に満ちた「社会」への第一歩がある。(6)

人間は、「感じられる」に過ぎない、自由を求める「自己」というものの欲求を他者に聞き届けてもらうために、他者が自己自身（の欲求に）ついて語る際のサイン＝一人称をその用法もろとも習得しなければならない。しかし、子どもが他者の模倣を通じて一人称を使い始めるときにはすでに、一人称はその子の内面を表現する透明な容器のようなものではなく、すでに他者の欲求という迂回路を経ている。人間は一人称で語りはじめるその日から、自身の欲求の実現のために他者の欲求を踏まえた上で語る他者が待ち受けている社会（そこには最初の「他者」そのものはいない）への適応を始めているのだ。

カントが『徳論』で述べていたように、「社会状態における文化」のうちで、人間が「（その際、何かを目論むということなく）他者に対して自らの心を開く必要を強烈に感じる」のも、言語によってつねにすでに疎外されている真の自己を晒せる他者への焦がれゆえではないのか。

†原理選択への関心

他者に「心を開く必要」の正体を最も端的に示すように思われるカントの言葉として、生前最後の著作である『学部の闘争』（一七九八）のある註に現われる以下の一節、読者を巻き込む自問自答を挙げることができる。

これまでいかなる支配者も、決して敢えて自由に公言しなかったのはなぜだろうか。彼は人民に彼に抗するいかなる権利も承認しない。人民はその幸福を、彼らをそれに与らせる政府の善意にもっぱら負っており、そして政府に抗する臣民の権利へのあらゆる申し立ては（なぜならそのような権利は許容された抵抗という概念を含むので）一貫性がなく馬鹿げているのみならず、罰に値する、などとは。――その原因は、そのような公の宣言は、すべての臣民を彼に対していきり立たせるからである。それは彼らがたとえ、従順な羊のごとく、慈悲深く聡明な主人に導かれ、よく餌付けされ、そして力強く守られており、その福利に関しては何も文句がなかったとしても、である。――それというのも、自由を賦与された存在には、他者から（そして目下の文脈で言えば政府から）も与えられうる生の快適さの享受だけでは足りず、そうした存在が生の快適さを得るための原理こそが重要だからである。（*Streit* VII, 86f. Anm.）

生きていく中でその都度欲しいものや必要なものを手に入れるための個別の「選択」が人を自由にするのではない。そうではなく、「人間」にとっては個々の選択の対象がそもそも望ましいものとして、生全体の中で意味のあるものとして立ち現われてくるための基準そのものを選び取れるときにこそ、誕生が無慈悲にも強いてくる受動性にもかかわらず、人間は自らの生を自由なものとみなし、肯定できるのだ。

この視点を経由してみるとき、自立的思考の主たる阻害要因である「怠惰」と「意気地なさ」に囚われている精神的「未成年」の心により迫ることが可能となる。すなわちカントは、〈社会〉において流通し、真の主体を持たない言語の力によってつねに疎外されてしまう「真の自己」の遠さに対して、いわば不貞腐れている人びとの心性として「怠惰」と「意気地なさ」を見ているのではないか。だから上に見たような形で彼らを挑発するのではないだろうか。〈おそらくお気づきでしょうが、あなたがたは「子ども」や「家畜」のように見られているようです。あなたがたはいつまでもそんな愚弄から目を逸らしていられるほど従順でしょうか〉、と。

以下に節をあらため、こうした理解を裏書きし、実質的に「勇気」の作用の具体例ともなっているカントのある歴史的ナラティブに着目しよう。カントによるフランス革命の描写である。

4　他者の勇気との共鳴

†勇気の条件としての他者？

隣国で起こった革命の熱気を受け、ドイツ諸邦の政治的気分が、保守派と急進派への分裂を見せていた頃[7]に公刊された『学部の闘争』第二編において、勇気と啓蒙の関係は、別の言葉で、しかしより強い光の下で、取り上げ直される。そこでのカントの視線の先にいるのは、今度こそ勇気の主体である人民＝読者自身である。

カントは隣国フランスで起こった大革命が、その次第をドイツで注視していた人びとの心の中に、革命に「参加しようという意図」を少しもともなわない共感を呼び起こしたと言い、この熱狂すれすれの共感を「歴史的徴（追憶的、例証的、予示的サイン）（Geschichtszeichen（*signum rememorativum, demonstrativum, prognosticon*））」と名づける［*Streit* VII, 87］。カントによれば、この共感は、「より善きものへの前進」を予想させるのみならず、同時に「過ぎ去った時間の歴史」へと拡張されうる、人類の内なる自由な原因性を示す「出来事（Begebenheit）」である。大革命を外から見ている人びとは、これまで歴史の表舞台に現われることのなかった隣国の大多数の人びとに「賛意（Beifall）」――この語は、「拍手喝采」という含意を持ち、劇場などの空間を連想させる――を公にした。この「出来事」は、その一回性のうちに、遠い過去に何度も起こり、未来においてもまた何度も起こるはずのことの記憶と予感を同時に含んでいるとカントは言うのだ。そして反復されている当の行ないは、より善きものへの前進「そのもの（selbst schon ein solches）」である［*Streit* VII, 85］、と。

われわれが注目すべき点は、たんなる注視者たちの「参加への願望」［*Streit* VII, 85］は、「他者」の勇敢な行動のうちなる原因であると推定される――にすぎない――意志に対する、高揚した自己同一化として理解できることである。言い換えれば、注視者たちは隣国の人びとのうちに、一人称で語りはじめたとき、永遠に遠ざかってしまった真の自己の欲望を見出し、彼らのようでありたいという「願い」が湧き上がるのを感じているのではないか。

カントにとって重要なのは、革命的アクションそのものではなく、それを見守る公衆のほとんど熱狂的なリアクションである。(8) その理由は、人びとがこのように「反応」したという記憶が、この反応の「反復」をも約束するものだからである。

というのも、あの出来事はあまりに大きく、人類の関心とあまりに織り合わさっており、その影響について言えば、世界中にあまりに広く知れ渡っているため、なんらかの恵まれた状況をきっかけとして、諸国民によって想起されないこと、同様の新たな試みを反復するために呼び覚まされないなどということはありえないからである［*Streit* VII, 88］

この断定を踏まえ、あらためて考えてみるならば、啓蒙の始まりの条件である「勇気」のそのまた条件は、自分が本当は始めたいと思っている行為がすでに他者によって、しかも集合的に始められているという——もしかすると誤っているかもしれない——確信であるという視座が浮かび上がってくる。『啓蒙とは何か』におけるカントの勇気への呼びかけは、時宜をとらえては繰り返し公の世界に現われてくる、「心を開いて」語り合える他者への焦がれを本来の宛先とするのではないか。彼が同論文の冒頭で「君（deines）自身の悟性を用いる勇気を持て！」と、二人称親称で見知らぬ読者に直接呼びかけるのは、その呼びかけを、心を開ける相手がいつか、どこからか出現するのを心待ちにしている人びとの心を確信していたからではないだろうか。

†友の方へ

こうした想定は、あの「心を開く必要」についての記述の周辺をあらためて見ることによって補強される。

人は誰でも秘密を持っており、無闇に自らを他者に任せてしまうことはできない。それは一つには、その秘密を彼にとって不利な仕方で利用しようとする大多数の人間の高貴ではない思考様式のせいであり、また一つには、どういったことに関わるものであれば、［打ち明けられた秘密を］広めてもよく、何はいけないか（無分別）に関する判断と区別についての多くの人々の無理解に基づく。これら二つの性質を一人の主体において同時に見出すのは稀である（地上では稀な鳥、黒い白鳥のようなもの（*rara avis in terris, et nigro simillima cygno*））。［TL VI, 472］

カントは続けて言う。「黒い白鳥」は「しばしば実際に存在する（hin und wieder wirklich existiert）」、と。「悟性」を持ち、その人のもとでなら、「あの危険について全然心配しなくても」よく、それどころか「完全な信頼感をもって自らの心を打ち明けることができる」友のうちに。さらに、そうした友は自分の判断様式と「一致した仕方で事物について判断する」様式を備えているので、彼のそばでは「自らの思考に風を通して」やることができるとも言う。そして、その友といるときには、「まるで牢獄の中にいるように、自分自身の思考とたった一人」で過ごしているのではないと感じ、「その下では自分を自分自身のうちに閉じ込めなければならない、大衆のうちにはない自由」を享受することができる、と［TL VI, 472］。

ここには「友」の出現条件は書かれていないし、それを問うことは事柄の本性からして循環論に通じている。すなわち、確かに私と同じような仕方で物事について判断し、噂好きでそれを悪用するかもしれない無数の第三者の目から互いの秘密を隠すべきであることを、語り合わずとも直覚し合えるような人は、〈現われるときには現われる〉としか言えない。あるいはカントは、友の友がまた私にとっても信頼に足る友でありうるか、そしてその友はどうだろうか……という形で無限に続いてしまう疑念に巻き込まれないため、[9]またそもそも友なる存在は多ければいいというものでもないがゆえに、友が現われるときには現われてくれるだけで十分であると考え、多くを語らないだけのことかもしれない。むしろ他者の底意についてのいたずらな詮索は、人をますます疑心暗鬼にするだけであろう。真に道徳的な友情がいかに「稀」であろうとも、幼少期から重ねてきた（と思われる）友情の経験があれば、かの循環論で満足すべきなのかもしれない。

しかし、社会においては誰もが陥りうる「孤独」という「牢獄」の扉を、一瞬であれ突き破るのは、地上においては稀な「一人」の友の存在ではなく、もう一人の自分とみなしうる、見知らぬ誰か「たち」の存在でもありうると想定できるとすれば、『啓蒙とは何か』におけるカントの勇気への呼びかけは、そのことにこそ共同体の自己啓蒙の可能性とカント自身の時代診断の真実性を託すジェスチャーに見えないだろうか。「怠惰」や「意気地なさ」、そして後者を都合よく思う統治者の心理といった、いわば公然たる人間の「秘密」を飄々と暴露していくカントは、友となりうる見知らぬ誰かからの信頼を待ち続けるのではなく、率先して見知らぬ読者に信頼を託してしまうという、「怠惰」で「意気地のない」人から見れば不可能に思われることをやってみせているのではないか。これら二つの心性や統治者の底意などの公然たる秘密は秘密ではないと言わんばかりに、一陣の風のように素早く、それらを暴露することで狙われるかもしれない自身の背中と啓蒙の命運を、見知らぬ読者に託してしまうのである。カントが示す啓蒙への「勇気」とは、見知らぬ人びとに向けて書くことによって、大衆の中にいるかもしれないまだ見ぬ友を、共同の自立的思考へと呼び込もうとする賭けなのかもしれない。

おわりに

『啓蒙とは何か』におけるカントは、政治権力から一定の距離を保ちながら時代の趨勢を診断し、啓蒙の促進を目指して同時代の言説空間に介入する一人の哲学者である。本章を結ぶにあたり、それがわれわれにとって持つ意義を考えてみたい。

統治権力との駆け引きに読者公衆を巻き込もうとするカントの態度は、現代のわれわれからすると驚くようなものでもないかもしれない。というのも今日では「学者」を名乗る者がメディアに登場してそれぞれの立場から政権運営や個々の政策を批判し、読者に感じ方や考え方の変化を促そうとするのは珍しいことではない。それを受けて読者が主体的に判断を下し、行動を選択することは、ほとんど自明の前提となっている。カントはまさしく、この前提を確固たるものとすることに力を注いだと言えるだろう。

しかし、今日ではこうした前提の楽観性についてこそ、熟考すべきなのかもしれない。現代の情報環境下において、われわれは日々夥しい量の情報に晒されており、個々の論点について隅から隅まで自分で考え抜くことは、控えめに言って途方もない時間と労力を要する。この観点からすれば、カントが「脱出」としての「啓蒙」の阻害要因であると見た「怠惰」と「意気地なさ」の誘惑は、われわれ一人ひとりにとって今なお大きい。いや、かつてないほど大きいのかもしれない。そして、いかなる動機からであるにせよ、（申し立て上は）私よりも真理に近い場所から「私に代わって考え」てくれようとする人は後を絶たない。というより、公共的言論は、どうしてもそうした場所をめぐる闘争という面を含み持つのではないか。

しかし、この問題もまた、『啓蒙とは何か』におけるカントの態度と無縁ではないだろう。というのは、不特定多数の読者に「勇気」を説き、権力者と駆け引きをしてみせるときのカントは――フーコーが「闘争的ゲーム」と呼ぶ［フーコー 二〇一〇：四五六］――「弁論術」というゲームに踏み込むかどうかのギリギリの地点へと近づいていたのではないか。哲学者が修辞を駆使しつつ茫漠たる読者世界に直接語りかけるはじめた時代とは、哲学者《フィロゾーフ》が詭弁家《ソフィスト》に似てしまうことが避けがたくなった時代でもあるのではないか(10)。「啓蒙の時代」以後、哲学者を自称する者は自身が詭弁家ではないことを示すためのいかなる手段を持つのか。カントの啓蒙をめぐる言論実践は、哲学者が「孤独」へと引きこもることなく、かといって詭弁家になることもなく、まだ見ぬ友に送る書き言葉への問いへとわれわれを導く。すなわち、――プラトンにとって最大の問題の一つであった――哲学的「真理」と民主主義的《デモクラティックな》「意見」、そして「魂の修練」の場としての哲学と闘争(11)、説得、追従の力としての法廷的・政治的「弁論」の本性的対立という古い問題を再度自覚させるものでもあるだろう。

（1）カントの著作からの引用に際しては、参考文献一覧に記したアカデミー版全集を使用し、略号と巻数、頁数を本文中に示した。引用は必ずしも既訳に従っていない。

（2）カントがこの箇所で、とりわけ「宗教」について語る自由を重視していることの歴史的意義を捉えるには、

「啓蒙」と「寛容」概念の不即不離の関係を踏まえる必要がある。両者の関係についての明晰な解説として、本書の関口論文（3章）を参照されたい。

（3）他者への疑念はカントの社会の描写のうちに繰り返し現われるものだが、『徳論』の出版時期を考慮するならば、同書においてとりわけ宗教についての意見を他者に悪用される危険が強調されているのは、『たんなる理性の限界内における宗教』第一部（一七九三年）が発禁となり、以後宗教に関わる公の発言を慎むことを誓約させられた事情が背景にあるのかもしれない。その顛末については、マイナー社版の『宗教論』の編者解説［Strangneth 2003］を参照されたい。

（4）晩年のフーコーのカントについての思考の意義については、それを既存の権力ネットワークの外部へと至る方途の探究として読み解いた論考として、市田［二〇一一］を参照されたい。

（5）いわば本音を隠蔽しつつ進展する自己中心主義を基礎とするがゆえに、「社会」は演技の場となるものの、それが結局は人類の道徳的進歩にとって一定の効用をも持つというカントの思考について、詳しくは隠岐［二〇一二］を参照されたい。

（6）フランス革命に対するドイツの知識人たちの反応を見比べてみると、興味深いことにフランスに近い地域の人物ほど否定的かつ保守的であり、遠ざかるほど好意的かつ急進的な傾向が見てとれる。その傾向の意味について考えるには別途精密な研究が必要となるが、さしあたり当時のドイツ語圏におけるフランス革命に対する様々な態度について、詳しくはMaliks［2014］を参照されたい。

（7）革命的行為そのものではなく、それに対する隣国の人びとの「反応」を人類史的出来事として評価するカントのこうした微妙な立場は、たとえば、まさしく人間理性に全幅の信頼を寄せるナイーブな啓蒙主義の現実的帰結としてフランス革命を捉え、その行き過ぎに対する警告として『フランス革命についての省察』を著したバーク（やその説をドイツにおいて紹介したクリスティアン・ガルヴェら）の目にはどのように映りえたかを考えるのは重要な課題であろう。一般に反革命とみなされるバークの（見落とされがちな）繊細な反啓蒙的態度を扱う本書の高山論文（5章）は、この点との関連で貴重な手がかりとなるだろう。
（8）友情の不可能性をめぐる言説史としては、デリダ［二〇〇三］を参照されたい。
（9）この問題については、本書所収の隠岐‐須賀論文（1章）において詳しく論じられている。また、カント的「知」の主体の根底に自己欺瞞を看取する和田論文（6章）は、別の角度からこの問題に光を当てるものである。
（10）古代地中海世界における哲学の意味をパラフレーズするこの表現について、詳しくはアド［二〇二一］を参照されたい。

■参考文献

市田良彦（二〇一一）「〈我々とは誰か〉あるいはフーコー最晩年の〈外の思考〉」富永茂樹編『啓蒙の運命』名古屋大学出版会、四六四‐四九二頁。
隠岐理貴（二〇一二）「実存者から道徳的人格へ――カントにおける道徳化のシナリオについての一考察」『早稲田政治経済学雑誌』三八四号、四二‐五四頁。
Derrida, J.（1994）*Politiques de l'amitié*, Galilée.（ジャック・デリダ『友愛のポリティクスⅠ‐Ⅱ』鵜飼哲・大西雅一郎訳、二〇〇三年）
Foucault, M.（2008）*"Le Gouvernement de soi et des autres" Cours au Collège de France 1982-1983*, Gallimard.（ミシェル・フーコー『自己と他者の統治』阿部崇訳、筑摩書房、二〇一〇年）
Hadot, P（2001）*La Philosophie comme manière de vivre*, Albin Michel.（ピエール・アド『生き方としての哲学――J・カルリエ、A・I・デイヴィッドソンとの対話』小黒和子訳、法政大学出版局、二〇二一年）
Kant, I.（1910ff.）*Gesammelte Schriften*, Königlich-Preußische Akademie der Wissenschaften.
Maliks, R.（2014）*Kant's Politics in Context*, Oxford University Press.
Plato（1990）*Gorgias*, with introduction and commentary by E. R. Dodds. Clarendon Press.（プラトン『ゴルギアス』加

来彰俊訳、岩波書店、一九六七年）

Stangneth, B.（2003）„»Kants schädliche Schriften«. Eine Einleitung," I. Kant, *Die Religion innerhalb der Grenzem der bloßen Vernunft*, Felix Meiner, IX-LXXV.

コラム3

啓蒙絶対主義

隠岐理貴

十八世紀ヨーロッパの知的運動であり、近代、ひいては現代世界の仕組みを支えるさまざまな道徳的・政治的概念を彫琢し、根付かせるのに大きな役割を果たした啓蒙主義。本コラムでは、とりわけドイツ語圏において啓蒙主義を支えた「啓蒙絶対主義（Aufgeklärter Absolutismus）」について簡単に紹介しよう。

唐突だが筆者がかつて暮らしたドイツ南西部のテュービンゲンという小さな大学街の風景を紹介するところからはじめたい。その街には中世の面影を今に伝えるガストロノミー（大衆食堂）がいくつもあり、住民や旅人の憩いの場として街を彩っている。ある店の看板にはフラクトゥア（いわゆるヒゲ文字）で「フリッツ親父のところ（Zum Alten Fritz）」と書かれている。今はイタリア料理屋として繁盛するこの食堂の名前に、いかにもドイツ風の人名が入っていることがおかしく思われた。

ところが、この組み合わせの味わい深さはそれに尽きないことに、筆者は後になって気づいた。というのものちに、「フリッツ親父（der Alte Fritz）」とは、十八世紀後半にプロイセン王国を治めたフリードリッヒ大王（Friedrich der Große 一七一二－一七八六）のニックネームであることを知ったのだ。母であるマリア・テレージアとのタッグで開明的統治を行なったオーストリア・ハプスブルク帝国君主のヨーゼフ二世（一七四一－一七九〇）、そしてロシアのエカテリーナ二世（一七二九－一七九六）とならび称される「啓蒙絶対主義」の牽引役のフリードリッヒは、今でもドイツの人びとに愛称で呼ばれ、たとえばイタリア料理屋の屋号の形で日常の中にいる身近な存在なのだ。日本で言えば、ラーメン屋の店名が「信長」であるようなものだろうか。

前置きが長くなったが、そんなフリッツ親父の名とともに記憶される啓蒙絶対主義とは、どのようなものだったのだろうか。その特徴の一つは「上からの文芸推進運動」である。フリードリッヒは幼少期より帝王教育を受けた生まれながらの統治者であり、「プロイセン一般ラント法」編纂の指示、強大な常備軍の組織、さらにはジャガイモ栽培の推進など、その功績は多岐にわたる。だが、フリードリッヒが「啓蒙主義的（あるいは開明的）君主」として人びとに記憶され、しかも宗教的「寛容」や文化的多様性の重視をいわば道徳的・政治的モットーとする現代のドイツの人びとのアイデンティティーの拠り所の一つとなっている理由は、なんと言っても彼が武人として名を馳せた父王の反発を買いながらも幼少期から文芸を愛し続け、その愛情を統治においても表現したことにあるのだろう。具体的に言えば、彼は在位期間中、ベルリン郊外にある自身の別邸「サンスーシ宮殿」に、当時学問の最先端の地とみなされていたフランスからヴォルテールをはじめとする文人を招いて助言を仰ぎ、自らフルートの演奏を披露するなどして歓待した。

本書において、和田論文（6章）と隠岐論文（4章）がともに扱うカントの『啓蒙とは何か』は、フリードリッヒを名指しで論じている点を一つの特徴としている。また同論文はそもそもプロイセン王立科学アカデミーの懸賞課題に対する応答として公刊されたものである。啓蒙絶対主義的統治が十八世紀ドイツにおいて哲学者と読者公衆を出会わせる役割を果たし、人文知の流通を促進したのである。さらに、同じ懸賞課題に応答した著名な人物の中には、ユダヤ系の哲学者でルソーの『人間不平等起原論』などをドイツ語に訳したモーゼス・メンデルスゾーンもいたことは強調しておくべきであろう。王の名で公布された問いに、異なる背景を持つ人びとが同時に応答を試みた時代を象徴する出来事として、である。

しかし、これらのエピソードのうちに透かし見える啓蒙絶対主義の負の側面に見える部分についても触れておかねばならないだろう。すなわち、「絶対主義」の一形態としてのそれは、人文知を結集し、不可視の民意を可視化するために骨を折った君主フリードリッヒに先導されていたとはいえ、上位下達のシステムによって担保された「上からの」統治であったという事実である。そのシステムを人民のために使うかどうかは、君主の性格や恣意に依存する部分が大きかった。それを過去のこととみなしてしまうのは容易いが、他者の恣意的意志からの自由という啓蒙主義の中心問題を考えようとするとき、とりわけ統治術という観点から見て当時と現代とでは本質的に何が変わったのかを問うための手がかりとして捉え返すときにこそ、啓蒙絶対主義、そして啓蒙主義の歴史を紐解く意義が際立ってくるのではないだろうか。

第5章 〈反革命〉は反知性主義か？
――バークの「保守的啓蒙」をめぐって――

髙山裕二

はじめに
――消えゆく〈光〉？――

† 現代の「反革命」と「反啓蒙」

今日、西洋型の自由民主主義を批判する政治指導者たちが、みずから「反革命」と評している。たとえば、「オルバン〔ハンガリー首相〕とカチンスキ〔ポーランド元首相〕は彼らが共有する政治的アプローチをともに「反革命（counter-revolution）」と呼んでいる」。そして興味深いことに、トランプ前アメリカ合衆国大統領やイギリスのBrexitの指導者ら「ポピュリスト」と呼ばれる政治家たちがそれを手本にしている〔クラステフ／ホームズ 二〇二一：五五、七〇〕。逆に旧ソ連・東欧諸国のオルバンやプーチン、ブラジルのボルソナーロらがトランプを模倣し、少なくとも共鳴している面がある［クラステフ／ホームズ 二〇二一：二六九］。中東欧政治研究者のイワン・クラステフと政治思想研究者のスティーヴン・ホームズは、近著『消えゆく光』（二〇一九）（邦題『模倣の罠――自由主義の没落』）のなかでそのように指摘している。

オルバンらにとって、「西洋式の道徳を模倣するという要求は、文化的自殺への誘いだ」［クラステフ／ホームズ 二〇二一：七九］。今、そうした言説が世界中に拡散している。その事実は、西洋型の自由民主主義を模倣する時代から「非自由主義の模倣の時代」への移行を予感させるという。『消えゆく光』によれば、「非自由主義」や「権威主義」は一般に考えられるようにロシアや中国など「非西洋」に限定されることなく、むしろ自由民主主義の長い伝統を持つ英米をはじめ西洋の内部に巣食っていることに問題の核心がある。

それでは、彼らの言う「反革命」とは何か？　直接的には、冷戦体制を崩壊させた「革命」と、その結果としての自由民主主義の体制ないし政治文化への移行への反発を意味する。『消えゆく光』の著者の言葉を使えば、彼らが対抗しているのは「文化的多様性への自由主義者の寛容と開かれた社会という理念そのもの」であり、「啓蒙思想に基づく自由主義そのもの」である［クラステフ／ホームズ 二〇二一：五五、二九五］。つまり、彼らの標的は今日まで西洋を中心に拡大してきた自由主義の政治文化であり、その基礎をなすと考えられる啓蒙思想である。

もっとも、冷戦体制終焉直後から、いわゆる自由民主主義体制の勝利を告げた「歴史の終わり」論の楽観に対しては、様々な違和感が示されていた［佐藤 一九九四：三一－六］。そして今や、その体制を根底から覆すような不満が内部から噴出している。心理学者のスティーブン・ピンカーは、『21世紀の啓蒙主義』（二〇一八）のなかで次のように述べている。

> そんなばかなと思うかもしれないが、二一世紀になってもなお、こうした〔フランス革命後のロマン主義運動の〕反啓蒙主義の考え方が驚くほど広範囲のエリート文化や知的運動に見られる。いっそうの繁栄をもたらすため、そして人類の苦しみを軽蔑するためにこそ集団の理性を生かすべきだという考えは、粗野で、未熟で、軟弱で、頑愚だとみなされている。［ピンカー 二〇一九：七三］

もともと啓蒙主義とは、十八世紀ヨーロッパで啓蒙主義者と呼ばれる哲学者（フィロゾフ）によって牽引された知的運動を指すが、それと時を同じくして反啓蒙主義運動が生まれた。そして、それが〈反革命〉という政治的運動として広がるきっかけとなったのはフランス革命の勃発だった。〈反革命〉はフランス革命に対抗した人々や彼らの思想を指して使われるようになったのである。[1] 彼らはフランス革命という事件に敵対しただけでなく、その事件に象徴された理性や科学への信頼、進歩への確信からなる思想に反発した。その点で、フランス革命に対抗した〈反革命〉は同時に「反啓蒙」であるとも考えられてきたのである。

現代に「反革命」を訴えている人々が、フランス革命を直接念頭に置いているわけではないとしても、彼らの標的が啓蒙思想である点で変わりなく、その点で現代の「反革命」の根はフランス革命期の〈反革命〉にあるといえる。それでは、両者は同じような意味で「反啓蒙」だったのか。いや、そもそも元祖〈反革命〉は本当に「反啓蒙」だったのだろうか。

本章では、〈反革命〉の代表的理論家とされ、その点で最初に国際的反響を得たエドマンド・バーク(2)（一七二九―一七九七年）というイギリスの政治家・著述家の政治思想を分析する。そして、彼の反「革命」思想は反「啓蒙」思想とは必ずしもいえないことを明らかにすることで、逆に現代の「反革命」＝「反啓蒙」の特殊性とその問題点を浮かび上がらせることをめざす。

†バークと様々な啓蒙

バークに注目する理由は、反啓蒙の思想史研究で彼の思想が最初の反「知性主義」と考えられてきたことに関わる［Sternhell 2010 : 125］(3)。つまり、その点でバークは〈反革命〉であると同時に「反啓蒙」の代表的な思想家だと考えられてきたためである。「反知性主義」とは、知識人やその権威的立場を攻撃する現代の「ポピュリスト」を指してしばしば用いられるが(4)、本章ではその場合に含意する近代西洋において蓄積されてきた知性、より特定すれば啓蒙思想の拒絶、そのトータルな否定を指してこの言葉を用いる。

なるほど、十八世紀フランスの典型的な啓蒙主義者（フィロゾフ）にとって、啓蒙とは知識の〈光〉――フランス語で光（lumière）の複数形は知性・啓蒙を指す――を万人にもたらすことであって、「外部から科せられた規範からの解放」、ディドロの言葉を使えば「偏見、伝統、古さ」等々からの解放を意味した［トドロフ 二〇〇八 : 七、三五］。しかし、人間知性を完全に解放しそれを過信することは、彼らに導かれたフランス革命のように、知性・啓蒙の名のもとにある理念を絶対化し、別の理念とそれを信じる他の個人・少数者の自由を抑圧する専制を招く。そう考えたバークにとって、〈光〉を広げ維持するには、むしろある種の――人間の知性ないし理性に反しないとされる――「偏見」が必要だった。実際、それによって形成されてきたという国制＝憲法（constitution）は、人間の知性と同時に権力に自己抑制を促し、それが結果的に精神的かつ政治的な自由を保障するものだと考えられたのである。これは、権力を抑制・均衡させる制度によって自由を保障するという、ロックやモンテスキューにおいて継承された西洋の知的伝統に属する考え方だろう(5)。

つまり、バークの思想は「反知性主義」ではなく、啓蒙主義者とは異なる独特な知性のあり方を示した、ある種の啓蒙思想だったのではないか。思想史家のポーコックによれば、イングランドには既成エリートの支配を強化するという意味で「保守的」啓蒙が存在し、バークを含め、「知性に自己抑制を求める」ことこそ「啓蒙」の態度だと考える思想の系譜が存在したのである［ポーコック 一九八九：六八―六九、七九］。

以下では、バークの政治思想を主にその前期の寛容論と後期の専制論とに分けて検討し、その「保守的啓蒙」の内実を明らかにすることで、現代の「反革命」の問題点を明らかにしよう。

1　カトリックの寛容と「公共」宗教

†合理主義への反逆

一七二九年一月、（改宗）国教徒で弁護士の父リチャードと、厳格なカトリックの名門氏族ネーグル家の母メアリーの息子として、バークはアイルランドのダブリンで生まれた。父に司法職に就くことを期待され五〇年にはロンドンに移って法学の勉強を始めるが、文筆業に専念するようになる。もっとも、すでに四七－四八年には「文芸協会」というクラブを設立し、個人編纂の週刊誌『改革者』を発刊するなど文芸活動を開始していたが、それは彼にとって政治・社会を改革する一つの手段と認識されていた［岸本 一九八四：二一七－二三一］。その後、文壇で名声を得ると政界に転身、議会ではホイッグ党（のちの自由党）政治家として活躍、九四年に引退し三年後に没した。フランス革命批判で有名だが、アメリカ革命や故郷アイルランド、特に同地のカトリック教徒の寛容に関する数多くの論考や演説を残した。

一七五六年五月に匿名で出版された『自然社会の擁護』が、バークの事実上のデビュー作である。イギリスの政治家で、晩年はヴォルテールとも親交があった政論家のボリングブルック子爵（一六七八－一七五一）の文体を巧みに模倣した政治諷刺の作品である。そこでは自然（状態）が賛美され、逆に市民社会における人為的宗教としての啓示宗教の害悪が強調される。「市民政治は教会政治から力を借り、人為的な法律は人為的啓示から聖化を受けている。宗教と統治の観念は密接に結びついている」。その結果として、啓示宗教が大衆の無意識のうちに影響力を拡大し、彼らを「自発的な奴隷」としているという［WS I：140＝三五七］。

それでも、同書の末尾には次のように書かれている。「こうはいっても、もし、あなたがこれらのすべてを認めながら、政治制度は、現在そうであるように弱体で邪悪だとしても、やはり必要だと抗弁するならば、わたくしは、同程度の、おそらくそれ以上の強さで、人為的宗教の必要について論じることができるだろう」［WS I：183＝四〇三－四〇四］。ここでは、自然状態を賛美する者たちが人為的宗教＝啓示宗教を批判する一方で、市民社会の政治制度は必要だと主張する論理の矛盾が指摘されている。要するに、バークはボリングブルックのような啓蒙主義者の文体を用いて、彼らが激しく批判した啓示宗教の必要を説き、それを迷信や偏見といって切り捨てる啓蒙主義＝合理主義を論駁しようとしたのである。

この複雑な試みの意図は読者に正しく伝わらなかった。そのため、バークは翌年記名の再版に付した序文で、「宗教の破壊に使われたその装置が、政府の転覆に使われてもひとしく成功しうること」を示す意図があったと書いている［WS I : 134＝三五一］。自然を賛美し社会の宗教を破壊するような合理主義は同時に、政治社会を成り立たせる一切の基盤も破壊することになるというわけである。

バークの批判の矛先は、市民社会と呼ばれている文明（商業）社会それ自体にも及んでいる。この点ではむしろ、二年前に刊行され、同じく政治諷刺の対象だったはずのルソーの『人間不平等起源論』（一七五五）の論述に近い。

もっとも明白な社会の区分は、金持ちと貧乏人であり、それにおとらず明白なのは、前者の数が後者の数に比べて非常に不均衡であるということである。貧乏人の仕事全体が、金持ちの怠惰、愚行、奢侈に貢献することであり、そのかわりに金持ちのそれは、貧乏人の隷従を強化し、重荷を増すための、最上の方法をみつけることである。自然状態においては、ある人の取得物は彼の労働に比例するというのが、不変の法である。人為社会の状態において、同じように恒久で不変の法は、もっともよく労働する人がもっともわずかなものを享受し、まったく労働しない人がもっとも多くを享受するということである。このような事物の構造は、表現できないほど奇妙でばかげている。

［WS I : 177＝三九七］

こうして大英帝国で働く「不幸な人たち」の劣悪な労働・生活環境について指摘したあと、バークはこう断じる。

貧乏人は、過度の労働により、金持ちは法外な奢侈によって、同一の水準におかれ、自分たちの幸福に役立つかもしれぬどんな知識についても、同じように無知にされてしまう。これが、全市民社会の、内部の陰鬱な情景だ。［WS I：180＝四〇〇］

この診断を額面通りに受け止めれば、文明化が貧者だけでなく富者をも不幸にする、すなわち彼らも真の満足が得られないと指摘している点で、バークはルソーに接近する。どちらにせよ、ここで注視したいのは、文明化が逆に民衆を無知の状態に置いているという診断である。つまり、啓蒙主義という名の合理主義の称揚はかえって、不合理（主義）を招来するという矛盾が描きだされているのである［Bourke 2012：30］。

もちろん、バークは反知性ではなく、反理性（＝理性の否定）を主張しているわけですらない。確かに翌年に書かれた『崇高と美の観念の起源』（一七五七）も、美の領域を道徳や理性の領分から切り離して評価した点で合理主義への反逆の試みだったと考えられるが、だからといって、これは反理性の企てではない。それを象徴するのは、バークが同書の再版にあたって付した序文「趣味について」の議論である。そこでバークは趣味を、人間の本能的衝動のような「心の一つの独自な機能」とするのではなく、感覚・想像力・判断力の複合的な作用と規定し、それが誤っているかどうかは判断力ないし知性如何にかかっていると述べているのである。すなわち、それは「無知、不注意、偏見、性急、軽率、頑迷など」判断力を歪める諸情念に対して「知性」が訓練されているかどうか次第であると言うのだ。また、そもそも判断力は感覚や想像力の活動を「理性の軛」につなぎとめるとも記している［WS I：207-208＝三〇－三一］。

『崇高と美』の著者は主張する。「しかし、これに反して趣味の対象を形成するこの種の知識を開発した人間は、われわれが他のあらゆる機会においてこれと同じ方法で達成するように、慣習上徐々に単なる判断の正確さのみならず果断さをも身につけるものである」［WS I：209＝三三、強調引用者］。カントにも影響を及ぼしたとされる同書の判断力論全体の意義をここで指摘することはできないが、「趣味」論に限定すればその意義は二点に要言できる。

第一に、人間は理性と感覚の相互作用を通じて認識し判断するということである。

第二に、その能力は共通の判断力として陶冶されうるし、すべきだということである。

バークは、合理主義としての啓蒙主義を批判したからといって、人間の知性・理性の働きを否定したわけではなく、むしろ感覚に基礎づけることで理性をいかによく働かせるかということに心を砕いた思想家だったといえるのではないか。

†「寛容」の擁護

以上のように、初期の著作には反理性ではない、その意味で〈啓蒙〉の理念とも矛盾しないと考えられる立場が見出せるとしても、バークが宗教の必要を説いていることとそれは矛盾しないだろうか。それこそ、迷信＝偏見の極地ではないか。

この点について同じく初期に執筆されながら未完に終わった草稿『カトリック刑罰法論』（一七六一－一七六五）を参照して考えてみよう。それは、アイルランド総督の首席秘書官に就任した下院議員ハミルトンの私設秘書として同地に随行したバークが、一七六〇年代前半に執筆した草稿である。アイルランドのカトリック教徒に対する刑罰法の害悪を論じた同書は五章構成の予定だったが、第一章と五章が欠落し、しかも個々の法律の内容を詳述した第二章以外は未完成に終わった。

本章でこの未完のテクストを考察する理由を先に述べれば、そこではロックのように公共（国家）における宗教の必要性を示しながらも、他の信仰（宗教）の寛容が同時に主張されており、そのかぎりでバークの宗教観は反啓蒙と呼べるような迷信や偏見の墨守とは異なると考えられるためである。

『カトリック刑罰法論』は、アイルランドの人口四分の三を占めるカトリック教徒の信仰を刑罰の対象とし、選挙権はもとより公職に就くことも禁じる一連の法律の不当性を指摘したもので、他の宗教への寛容とその刑罰法の廃棄を訴えたテクストである。当時アイルランドは、形式上は独立国でありながら事実上はイギリス（イングランド）の属国だった。もちろん、そうした主張はバークがアイルランド出身だったことと無関係ではないが、十年以上を経て戻った故郷で過酷な支配を目の当たりにしたことが執筆の直接の動機だった。

同書第三章の第一部と第二部ではその不当性が、大きく分けて二つの観点から論じられている。

（1）支配の正統性あるいは「公正」の観点。まず、バークは次のように書く。「新しい法を制定する際、一人の個人に対しても不正義がなされないことを確認することが立法者の義務であることは疑いない」［WS IX：453］。そこで、古い不当な法を廃棄する作業には異論が生じ困難を伴うのは確かだが、それは「人定的制度の本来的な欠陥」ではなく「法それ自体の本質や目的に矛盾する実質的な欠陥」から生まれるはずのものだという。「欠陥はその不完全性ではなく、われわれの理性の悪用と乱用から生じるのだ」［WS IX：453］。

ここでも、理性・知性の働きを否定するどころか、むしろ理性に従った「法」の正当性を主張し、不当な法は理性の「悪用と乱用」の産物だと批判しているのである。他方で、同書の議論で特徴的なのは、「人民の多数に反する法は事実上人民自体に反する法である」と述べ、法や公正の基礎として「人民の同意」を位置づけていることである。

> さて、国民の大多数に反して命じられた法は理にかなった制度の本質を持たず、権威も持たない。というのも、あらゆる政治形態において真の立法者は人民だからだ。法の直接・間接の根拠〔の制定者〕が、一人の人間であろうと多数の人間であろうと、そのずっと以前からの効力を持つ根拠となるのは、黙示的であれ明示的であれ人民の同意である。そのような同意が、法が効力を持つうえで絶対に不可欠である。［WS IX：454］

支配の正統性を人民の同意に求める点で――それが欠如したカトリック教徒に対する支配（刑罰法）は不当であるということがバークの主張だったが――、ロック『統治二論』（一六八九）の社会契約論を想起させる。しかも、「われわれの自然権の保存と確実な享受が市民社会の偉大な究極的目的である」とさえバークは書き、支配（政治）の根拠・目的は諸個人の権利の保障であると言明している［WS IX : 463］。さらに、法は「どんな共同体の力であれ全人類の力であれ変更できない上位の法の原理に反して制定されない」と述べ、「それはつまり、神の意志でわれわれの本性が与えられ、その際に不変の法が刻みつけられたことを意味する」と書くとき、自然法のような普遍的な法の支配を論じているようにさえみえる［WS IX : 455］。ただ、法と「人民の多数」の意志が背反した際にはどうするべきかについては明確ではなく、バークが同書で普遍的ないし抽象的な法の支配を想定しているとまでは断定できない。

（2）「寛容」の観点。以上のように刑罰法の不当性を指摘したあと、バークはカトリック教徒に対する「寛容」を主張する。この主題でバークは生涯一貫して「寛容」を主張し続けた思想家である。ここで注意したいのは、その寛容論には〈啓蒙〉の理念を見出すことができるということである。事実、第二部冒頭で次のように書いている。

> 人間が啓蒙されるようになるにつれて、どんな状況であれ、宗教的迫害の観念はあらゆる善良で思慮深い人々によってほぼ例外なく排除されてきた。［WS IX : 465］

ここには、寛容（＝迫害の否定）と啓蒙が接合する地点が示されている。バークによれば、そもそも宗教は国で定められることによって信じられるようになるものではなく、大部分の人々が正しいと信じることで定まるものであるから、特定の宗教を強制することはできないばかりか、すべきでもない。そして、「すべての起源は同意である」と繰り返す〔WS IX：466〕。

他方で、そのようにしていったん定まった宗教、その意味で「公共」宗教に従うのは、人々が意見の基礎として「先入見（prepossessions）」に依拠しなければならないためだと言うとき、それは迷信に拘泥した反啓蒙的な態度だろうか。なるほど、バークがそう指摘する理由は、われわれが日々誤った経験をする現在よりも、「むしろ過ぎ去った時間の叡智に従うのが人間の本質である」と考えられるからだ〔WS IX：467〕。しかし、この「持続的な時間の先入見」は賢明な教養のある人々によって導かれ、結果として継承されてきたものであり、それは他の宗派や意見を寛容することとも矛盾しないと言うとき、バークの寛容論は反啓蒙の企てとはいえない。

アイルランドの反乱を事例に第四部で次のように寛容を擁護するときも、『カトリック刑罰法論』はロック、今度はその寛容論を思い出させる〔ロック 二〇一八：一〇一－一〇二〕。「これらの反乱が生じたのは寛容ではなく迫害によってであり、正義にかなった温和な統治ではなく、比類のない圧政によるのである」〔WS IX：479〕。実際、寛容を批判する人々はしばしばその理由として他の宗派による反乱、公共秩序に対する弊害をあげ、それは他の信仰（に対する寛容）によるものだと強調するが、実際は寛容ではなく迫害の結果生じたのだとバークは指摘しているのである。

ここでは、その宗教が「公共の平穏」を害しないかどうかが寛容の判断基準とされ、個人の信教や良心の自由のような「権利」として議論が展開されているわけではない――ロックのような近代的立憲主義を主張しているわけではない。とはいえ、バークの啓示宗教の擁護が寛容との両立を図ってなされるかぎりで、彼の護教論が「偏狭な偏見」に基づいてなされたものではないこと、少なくともそれを批判するポテンシャルを有していることを、『刑罰論』が示唆していることは確かである。むしろ、バークは「知識・経験に基づいた偏見」を「その偏狭な形態」に対する解毒剤とみなしたとされるが[Bourke 2012: 29]、彼の擁護した宗教は前者の意味での「偏見」と言わなければならない。

†「公共」宗教とは何か？

『カトリック刑罰法論』は未完成に終わり生前公刊されることはなかったが、ちょうどそれを書き終えた頃に政界に進出したバークは、その後も寛容論＝アイルランド問題をライフワークとして取り組むことになる。彼が寛容問題に関して態度表明を最初に示したものとして知られているのは、「国教会統一令に関する演説」（一七七二年二月六日）および「プロテスタント非国教徒解放法案に関する演説」（一七七三年三月十七日）である。両論が前著と異なる点は、国教会制度（公定宗教）を明確に擁護し、その「歴史的」根拠を強調しながらそれが寛容とも両立しうることを論じていることである。

ここでわれわれの関心は、国教会制度と寛容がいかに両立しうるかではなく——原理的に考えれば説得的な議論とはいえないだろう——、プロテスタント非国教徒への寛容を支持しながらバークが正当化する国教会制度、いわば「公共」宗教とは何かである。それは一言でいえば、伝統的に継承されてきた国制＝憲法に基づく宗教だと考えられるが、ここでも問われるべきは、その「偏見」が人間の知性や理性に反するものなのかということである。

バークは「非国教徒解放法案演説」でも、キリスト教を維持するものが寛容でなければ迫害だけになってしまい、そうなれば国教会制度は「暴政」に陥るという［WS II : 383］。そして、行政官には宗教の対外的な儀式を監督することはできても、内面（信仰）は神のみの管轄だと言明する［WS II : 385］(6)。

では、他宗派をも寛容して維持されるべき国教会（公定宗教）とはいったいどのようなものか？　晩年の著作『フランス革命の省察』（一七九〇）では次のように説明されている。

これはわれわれの偏見の第一のものであるが、それは理性を欠いた偏見ではなく、その中に深遠かつ広大な叡智を内包している偏見である。私は最初に強調するが、これはわれわれの心に宿る最初にして最後の、そして真中にもあるものである。実際にわれわれは、自分たちが現在保持しているこの宗教制度に基礎を据えることにより、太古に受け入れられて以後連綿として継続してきた人類の感覚に依拠して行動を続ける。［WS VIII : 142 ＝上・一六九］

バークによれば、国教会はキリスト教の原理を支える伝統（的制度）であり、権威である。だが、それは理性に反しないものとして継承されてきた「偏見」であるという。

歴史や伝統の意義を強調する態度は「保守」的であるとしても、それが「反啓蒙」的であるとはかぎらない。そういった想定は、そもそも啓蒙思想＝リベラル（革新的な）思想という先入観から生じるのではないか。ポーコックによれば、近代初期のイングランドには既成権力に反抗するどころか強化しようとする「保守的」啓蒙が存在した。それはたいていアングリカン（英国国教会派）であって、かれらは「人間の知性が自らの限界を知り、知的活動に自ら制約を課すこと」を訴えた。「こうした知性の自己抑制の態度は、知性は自ら領域を限定し、体系でなしに客観的方法を確立してこそ有効であるという啓蒙の主張へと連なるものでした」。その到達点にいるバークは「歴史に対する知性の反乱」を批判したのであって、知性を批判する「伝統主義者ではなく、知的な歴史主義者だった」とみなすべきであるという［ポーコック 一九八九：七五、九〇、九二］。

では、なぜ「知性の自己抑制」が必要なのか。それは、人間の知性が自らの領域を限定するものがなければ、政治的自由を脅かす事態が生じうると考えられたからだ。バークはフランス革命論以前にすでに、完全な自由が結果的に専制に行き着く事例をアテナイ人とその民主主義に見ていた。『自然社会の擁護』には次のように書かれている。

> アテナイ人は、大変な行き過ぎに向かって、非常に急速に進んでいった。なんの拘束も受けない人民は、まもなく放縦、奢侈、怠惰になった。……この時期には、真理は主人である人民にとって腹立たしいものとなり、それを話す人にとっては非常に大きな危険となった。演説者は、もっともあくどい追従を言って彼らをいっそう腐敗させることのほかには、もはや演壇にはあがらなかった。……あらゆる徳性と公共精神とを忘れ、演説者たちのお世辞に陶酔させられた人民は、公開のみせもの《ショー》に浪費される莫大な金額を国家のもっとも必要な目的にさえ充用することを提案する者を重罪にするという法律を、冷静かつ慎重に明文化したほどの狂気の極地についに達した。［WS I：163-164＝三八二］

この記述からバークを反民主主義者だとあえて断定する必要はないだろう。少なくとも、ここで批判されているのはある種の民主主義であり、その背景をなしているのは人民＝民衆蔑視というよりは、人間の知性は完全な自由には耐えられない（＝逆説的にその働きを停止させる）という精神史的な考察である。本章冒頭の問題関心から言えば、現代に「反革命」を唱える「ポピュリスト」の擁護というよりは批判した文章として読むことができよう。

確かに、『フランス革命の省察』の著者は、「国家の宗教制度による国家の聖別なる事業は、自由な国民に健全な畏怖を植え付けるうえでも必要である」という［WS VIII：143＝上・一七〇］。しかし、それは「集合的な主権を構成する人々」の権力の乱用を防ぎ、それを制限するためのものだとされた。そうでなければ、「完全な民主主義はこの世でもっとも厚顔無恥な代物であり、そしてもっとも厚顔ゆえに、もっとも恐れ知らずなものである」という［WS VIII：144＝上・一七二］。ここでは、宗教による人間精神の拘束と権力（者）の拘束の感覚が重ねて論じられ、この美点を持ち得ない完全な民主主義が否定されているのだ。

では、なぜ精神を拘束するのが宗教、それも国教会（キリスト教）でなければならないのか。本節の最後にそう問うことは自然だろう。しかし、バークに対してそう問うことはあまり意味がないかもしれない。というのも、それが彼にとってイギリスにおける伝統であり、他国であれば別の宗教が同様な役割を担いうるからだ。たとえば、『フランス革命の省察』の二年後に書かれたアイルランド論「ラングリッシ卿への手紙」（一七九二）でカトリックへの寛容を再説した際、寛容の理由は宗教（国教会）それ自体ではなく、それも一つの構成要素である国制＝憲法、具体的には国教会以前にその不可欠な部分を構成するマグナ・カルタ（大憲章）から導き出されているのである［WS IX : 610-611 ＝七五八］。繰り返せば、カトリックの権利はキリスト教や国教会の本質として導き出されるものではなく、「憲法の恩典の享受」なのだ。

つまり、バークにとって重要なのは宗教それ自体ではなく、それが「深遠かつ広大な叡智を内包している」国制＝憲法の構成要素であることであり、その結果として「公共」的役割を担いうることだった。バークは「敬虔なキリスト教徒」だったと伝記家は言うが［O'Brien 1992 : 588］、彼の宗教論はきわめてプラグマティックな要素を有していた。

2　「派閥による専制」批判と国制＝憲法

†民意から離れた「派閥」政治

ここまでの議論からもわかるように、バークはイギリスの歴史や伝統を擁護する「保守的」思想家である。しかしだからといって、現行の体制（政権）を首肯したわけでは毛頭ない。むしろ、野党の政治家として鋭く批判した。これまでも「専制」批判については触れてきたが、政治家バークは主著『現代の不満の原因を論ず』（一七七〇）や『フランス革命の省察』でそれを主題に論じることになる。本節で後期バークの専制論を検討するのは、そこにも啓蒙思想へと至る西洋の知的伝統の系譜が読みとれると考えられるためである。

バークには、一七六〇年代に書き続けていたとされる未完のイギリス史論があり、そのなかでイギリス国制を高く評価したモンテスキューを「この時代を啓発した最大の天才」と言って激賞している［中野 一九七七：九一－九二］。『法の精神』（一七四八）の著者は、アリストテレス以来、基本的には東洋の堕落した政治体制と考えられてきた「専制」という概念を西洋内部に生じうる統治形態と同定し、これを用いてルイ十四世の統治を批判したのだった。これに対して、政党人バークにとって「専制」批判の矛先は時の君主自身よりもそれを取り巻く連中、「派閥」だった。「どんな悪い君主でも、寵臣や大臣たちのほうが悪いのがつねだと言われてきた」と、『自然社会の擁護』にも書かれている（モンテスキューの『ペルシア人の手紙』（手紙一二七）にこれとほぼ同じ表現がある）［WS I：157（n）＝三七五］。

なにより、政治家バークが時の政権を「専制」と糾弾したことで著名なのが、『現代の不満の原因を論ず』という作品である。野党に転落したホイッグ党の政治家としてバークはジョージ三世の治世を〈気まぐれ〉の政治だと批判した。

自分自身のその場限りの気まぐれによる権力の行使以外のすべての統治を憎悪することは、そして自分の側の無際限な権力と民衆の側における完全な無力の間のいかなる中間的状況をも抹殺することこそは、専制政府の本性なのである。［WS II：259-260＝二〇二］

その実態は、「正規の行政権力」である内閣から分離された宮廷で「私的な利益」を求めて君主の寵愛を競い合う少数者の集団、つまり「派閥」による政治、専制政治だった。バークによれば、そのような「恣意的統治」では法律も統治も支配者たちの意志、いわば「私的な判断と好み」の産物でしかなく、そこでは権力のブレーキが機能しない「専制」に結果するというわけである。これに対して、「いやしくも必要上君主に付与されている権限は」とバークは訴える。「必ず公共の原理と国民的基盤にもとづいて行使されるべきであり、断じて宮廷筋の好み、偏見、陰謀ないし政略にもとづいて行使されるべきではない」というのが、「我国の憲法」の原理である［WS II : 277 ＝二二二］。

その原理からすれば「混合政府が一大目的である」と言われているように、ここでは西洋の混合政体論の伝統に連なるモンテスキューあるいは——司法権の独立が指摘されていない点では——ロックの思想を想起させる権力分立論が展開されている。そのなかで、『現代の不満の原因を論ず』の独自性は、民衆による権力の抑制を強調していることであり、政治をある面で「イギリスの民衆の判断力と良識」に委ねるべきだと主張していることである。もっとも、すぐに付け加えなければならないが、「私は民衆が無謬な存在であると考えたりする人間ではない」［WS II : 255 ＝一九七］とバーク自身が言及しているとおり、彼が民衆の判断に全幅の信頼を寄せているわけではなく、彼ら自身による政治を構想したわけでもない。

他方で、政治家バークは統治者と民衆であれば、民衆の側の言い分に少なくとも半分は「理がある」という程度には民衆の判断の〈正しさ〉を信じていた。それゆえ、しばしば引用される次のような言葉を残した。「民衆の手による為政者の選出および民衆による褒賞と栄誉の配分は、自由な国家の第一義的長所の一つである」［WS II : 278 ＝二二四］。

バークが問題にしたのは「民衆から分離した議会」であり、それが民衆から離れた政府を生み、偏狭ない「偏見、陰謀ないし政略」によって権力が行使される現実である［WS II：303＝二五六］。君主政治というより議会政治の専制の可能性を論じ、「民衆という団体そのもの」［WS II：311＝二六七］をその防波堤とした点が独自だったが、同書の専制批判は前述の寛容論と同様、同時代の啓蒙思想家に継承された西洋の知的伝統を踏まえて展開されたのは確かである。

†「理論への偏愛」と《傲慢》

『フランス革命の省察』の検討に入る前に、一七七〇年代、バークがもっとも熱心に取り組んだアメリカ（植民地）問題にも触れておきたい。いわゆるアメリカ三部作と呼ばれる演説や書簡で政府の方針を批判、アメリカの自由（独立）を支持したことはよく知られるが、そのなかで政府の方針を批判する論拠として現われる自由観には、人間知性の自己抑制を語るバークのある独特な啓蒙思想、とはいえ本章の読者にはすでに馴染みの思想が見出せるだろう。

バークのアメリカ論で特徴的なのは、自由の極端な制限を否定していることである。確かに、アメリカの自由を否定することは悪だとしても自由には制限が必要だという。だが、自由の否定は自由の過剰と同様、いや今日ではそれ以上に危険だともいう。少し長くなるが、「ブリストル執政官への書簡」（一七七七年四月三日）からバーク自身の言葉を引用しておこう。

現在は自由がイギリス人にとって不人気になる危局なのである。空想的権力を口々に要求しているうちに、われわれは次第に支配の精神に感染し公正な平等への思考を忘れ始めている。われわれの父祖の原理がわれわれの子どもたちの現在の反抗を鼓舞しているのを見て、われわれはこの原理それ自体に疑念を挾み始めている。自由の過剰から発生する欠陥が、過重な隷属から生み出される卑しむべき悪徳よりもわれわれの目に一段と恐ろしいものに映るようになる。それゆえ権力に対するほんの軽微な抵抗が、われわれの目には権力の最大限の濫用よりもはるかに許し難いものに思われてくる。常備軍に対する不安は言われのない臆病風だとみなされる。国内の政争のため外国兵や原住民まで投入することの恥辱感が消散する。帝国の半分を傭兵の武力で統治する計画が不可避的にわれわれにもたらすこの結果に対して、われわれは徐々に不感症になる。［WS III : 328-329 = 二二四］

バークはここで、（アメリカ人の）自由の過剰を否定するあまり隷属（＝自由の否定）を選ぶような（イギリス）政府あるいは国民の「不感症」を糾弾している。しかも、そこには自己本位の理論や教説への過信が見られるという。本来、自由は個々の共同社会で歴史的・実際的に最少限に制限されるべきであって、自由とその制限のあり方をただいたずらに思弁的・抽象的に扱うような「理論への偏愛」は逆に自由の制約を限りないものにしかねないと指摘している［WS III : 317-319 = 二一〇－二一二］。近代に恐れられるのは、かつてのように「預言者が無知蒙昧な民衆を扇動するような」〈宗教〉それ自体というよりも、「いまや教養人やインテリに担われる」〈イデオロギー〉と呼ばれる知性の自己崇拝だというわけである［ポーコック 一九八九：八九－九〇］。

一方で、バークが保守しようとしている宗教がかつてのような無知蒙昧な支配を呼び戻すことはないのだろうか。この点では、バークがたとえば「ブリストルの選挙前演説」（一七八〇年九月六日）のなかで、宗教改革について「専制と迷信」を破壊したという面で評価していることに留意するべきだろう。彼が批判するのは、それが一つの結果としてカトリック教徒の迫害と反カトリック的な諸法令という最悪な専制を招いたという点である［WS III：639, 643＝二五〇、二五五］。また、この演説でも自身の選挙区（イングランド第二の商業都市ブリストル）では不人気な寛容策の必要を訴えながら、イギリスの国制＝憲法がいかに寛容＝自由と両立するかが語られている。それがもしアイルランドの大部分の民衆（カトリック教徒）の隷属状態を是認するようなものだとすれば、「このいわゆる自由の制度なるものはその実、最強の派閥による専制の単なる別名にすぎない」という［WS III：659＝二七四］。寛容を認めない誤った自由の理解に基づく制度（国制）を、「派閥による専制」と呼んで非難しているのだ。

この「派閥による専制」が行なわれている国では、「大多数の者にとっては自由の理念がまるまる傲慢と強情と不遜から成り立っていることは、あまりにも本当の事実である」［WS III＝二七四］。つまり、専制のもとでは自由が傲慢と理解、その実誤解されることで、かえって他者（ここではアメリカ人）の自由を抑圧しているというのである。「理論への偏愛」も人間の傲慢の産物だと理解された。そこで、反専制という意味で政治的である自由のために、歴史に依拠しながら人間の自己抑制を語るバークをやはり反啓蒙とすることはできないだろう。

なお、貧しい人々をアメリカ戦争に向かわせたのも「この種の感情」、つまり《傲慢》だったとバークが語っていることも付け加えておこう。「つまりそれはわれわれのアメリカ臣民、われわれの植民地、われわれの従者たちという観念である。党派的権力へのこの渇望こそは、実は彼らが必死に追求する自由なるものの正体である」［WS III：659＝二七五］。

†フランス革命批判の真相

このようにアメリカの自由（独立）を支持したバークがなぜ、フランス革命を痛烈に批判したのだろうか。いうまでもなく、バークを〈反革命〉の代表的な思想家にしたのはアメリカではなくフランス革命に関する著書だった。そして、その影響も受けながらフランス本国ではジョゼフ・ド・メストル（一七五三－一八二一）のようなより過激な論客が登場し、「保守主義者」を名乗ることになる。

ここでは、〈反革命〉の思想を通覧することはできないし、その必要もないだろう。本章の目的からすれば、バークのフランス革命批判は人間知性の否定ではなく限界を論じ、むしろその限界を自覚しなければ人間知性を否定する専制に陥るという議論の変奏として読めることが確認できれば十分である。『フランス革命の省察』における〈反革命〉の要点は、フランス革命が普遍的・抽象的な理論に導かれ、歴史や伝統を無制限に否定するものであって、結果、専制ないし無秩序に至るということだった。これに対してバークが擁護するのは、これまで継承されてきた伝統であり憲法だったが、同書でもやはりバーク特有の人間観や知性の限界が呈示されている。

われわれは、人為的な制度を自然と一致させるという同じ計画を通じて、自然の過つことのない強力な本能の助けを動員してわれわれの理性の脆弱で誤りがちな考案物を補強することで、これ以外にも自らの自由を相続の観点から眺めることの少なからぬ利益を引き出してきた。ややもすると放埒な行き過ぎに走りかねない自由の精神は、列聖されたわれわれの先祖の眼前につねに自分がいる

ように考えることで、厳粛な畏怖の念に和らげられる。〔WS VIII：84-85 ＝上・六六－六七〕

人間の理性は脆弱であるにもかかわらず、それを無視して絶対視し傲慢になると、人間とその社会の権力の歯止めが効かなくなるという。本章ですでに言及したように、たとえばバークが国教会制度を擁護するのも、法や宗教の制度が数世代にわたって継承されてきたという「感覚」を養い、実際に権力の濫用を防ぐと考えられたからだった。

国家社会や法律が聖別されるべき理由は、その一代限りの使用者が「あたかも彼がその完全な主人であるかの如く振る舞う」ことにならないようにするためである。そのことが特に法学に及ぼす影響について、こう書かれている。

その結果なによりも最初に、法学という――そのさまざまな欠陥や過剰、誤謬にもかかわらず本源的な正義の原理をそれぞれの時代の人間の営為の無限な多様性に結びつける理性の集積に他ならない――人間知性の誇りは、打破された昔の謬見の堆積として、もはや学ばれなくなるだろう。個人的な独善と傲慢……が、いまや法廷を簒奪するに至る。〔WS VIII：145-146 ＝上・一七五〕

ここで擁護されているのは、〈法〉に象徴される歴史的に集積されてきた（という感覚に根ざした）「人間知性の誇り」であって、逆に否定されているのは「個人的な独善と傲慢」である。バークが宗教（教会）による政治への直接的な関与を批判したのも〔WS VIII：62 ＝上・一二七〕、それが――革命を支持した非国教徒牧師リチャード・プライスを念頭に置きながら——人間の傲慢の結果であると考えられたからである。他方で、『フランス革命の省察』の著者が主張したのは、人間知性を保守すること、そのためにその限界を自覚することだけではない。政治指導者には、民衆以上にそれを自覚する責任が求められると指摘している。その結語でバークは、フランス国民議会の指導者を念頭に置きながら、外見ほどには「人間的知性の通常の水準以下の者」とはみなしたくないと述べながらも、こう予示する。

だが、ひとたび指導者たちが進んで自分を人気取りの競り売りでの落札人になろうとする場合には、彼らが持つ国家建設の才幹は何の役にも立たなくなる。彼らは、立法者ではなく追従者に、民衆の案内人ではなくその手先になる。［WS VIII：291 ＝下・一九七－一九八］

バークはここでも、デマゴーグ的な政治、今日で言う「ポピュリスト」政治を批判しているが、それに代わる統治として展望されたのは「穏健な自由の体制」だった。その展望はやはり、モンテスキューに代表される西洋の知的伝統に依拠したものだったといえる。

おわりに
——〈光〉の行方——

バークの革命批判を繰り返したとされるのはメストルである［Sternhell 2010：124］。本章では、メストルの思想は紙幅の都合上言及できなかったが、彼にも共通するのは人間の知性それ自体への批判というよりも、むしろその《傲慢さ》への憂慮だっただろう。

この点で、文学者のアントワーヌ・コンパニョンの指摘は示唆的である。彼はバークやメストルのような〈反革命〉をアンチ革命と区別し、「反革命は大革命に魅了されているのである」と述べている。つまり、「アンチ革命が大革命に抗する諸勢力の総体を指す言葉であるのに対して、反革命は大革命に関する理論を前提としている」。著名な政治批評家エミール・ファゲもメストルについて、「彼は十八世紀に生じた諸理念に対抗する十八世紀的な精神である」と語っている［コンパニョン 二〇一二：一三、一五］。この「十八世紀的」精神を共有する点で、元祖「保守」思想家たちは現代の保守主義者を名乗る「反革命」＝「反啓蒙」とは異なっただろう。もっとも、バークが「保守主義の創設者」とされたのは二十世紀前後になってからということも頭に入れておくべきである［犬塚 二〇一七：一二三］。

ここまで本章では、〈反革命〉の代表的な論客とされるバークの政治思想について検討し、人間が傲慢さに陥ることなく、知性の働きをやめないためにこそそれを枠づけるべきだというバークの主張は、政治的自由の保障をめざしてきた西洋の知的伝統と矛盾しないものであることを論証してきた。そのかぎりで、バークの〈反革命〉は「反知性主義」そして「反啓蒙」とはいえない（その思想が個人的自由を抑圧しうる可能性を否定するものではないが）。そうした「知性の自己抑制の態度」は翻って、現代の「反革命」を唱える政治指導者やそのイデオローグたちとの違い、または彼らに欠落しているものを浮かび上がらせるだろう。

啓蒙思想は、啓蒙主義の時代と言われる十八世紀の知的運動に限定されるものではない。それは古代から西洋のなかで、またあるときから西洋の外にも広がった「自由」に関する知的伝統だったが――時として西洋の「偏狭な偏見」のほうも様々な暴力を伴って非西洋に伝播されたことはここではおくとしても――、バークによれば、その継承のためには自由の限界を認識する必要があった。主権者がそのことを忘れ《傲慢》になったとき、訪れるのは「専制」という権威主義的な体制だろう。そのとき、「はじめに」で書いたように、西洋政治思想史で継承され十八世紀に閃光を放った〈光〉は消えてゆく。

知識の〈光〉は世界から消えてしまうのだろうか。それを予感させるような国際政治の現実が今私たちの目の前にあるのは確かだ。しかし、これに対峙するうえで、本章で紹介したバークの政治思想をはじめ、《啓蒙》思想は多くのヒントを与えてくれるに違いない。

＊**凡例**　バークの著作については以下の略号を使用。WS : *The Writings and Speeches of Edmund Burke*, ed. by Paul Langford (Oxford: Clarendon Press, 1981-2015).（邦訳としては、「自然社会の擁護」（水田珠枝訳『バーク・マルサス』中公バックス、一九八〇年）、「崇高と美の観念の起源」「現代の原因の不満を論ず」（中野好之訳『エドマンド・バーク著作集〈1〉』みすず書房、一九七三年）、「ブリストル執政官への書簡」「ブリストルの選挙前演説」（同上〈2〉）、『フランス革命についての省察〈上・下〉』（中野好之訳、岩波文庫、二〇〇〇年）、「ラングリッシ卿への手紙」（『バーク政治経済論集――保守主義の精神』中野好之編訳、法政大学出版局、二〇〇〇年）を参照）。全集版の巻数・頁数に続いて、各邦語文献の頁数のみを付す。訳語は表記の統一などを考慮して変更した箇所がある。なお、指示のない場合、傍点はすべて原文による。

（1）〈反革命（contre-révolution）〉という言葉が一七九八年の『アカデミー・フランセーズ辞典』に新語として掲載された事実は、同概念がフランス革命という歴史的出来事を踏まえて使われるようになった造語であることを示している。しかも、それには革命を転覆し旧体制に回帰しようとした「革命の敵」という否定的なニュアンスがあった。これに対して、「反動（réaction）」という言葉は軽蔑的な意味合いを含み、そのことはバンジャマン・コンスタンの小著『政治的反動』（一七九七年）において顕著となったが、もともと reaction（反作用）は action（作用）の対概念としてニュートンによって使われ日常語になった言葉で、軽蔑的な含意はなかった［ハーシュマン 一九九七：第一章］。

（2）ゴデショの古典的研究によれば、〈反革命〉の理論はフランスでは十七世紀に遡る一方で、フランス革命前後に西洋全体で表出し拡人することになるが、国際的反響を得た最初の〈反革命〉理論家はバークだった［ゴデショ 一九八六：四六］。

（3）この見解は、ステルネルと反啓蒙に関する評価で立場が逆のバーリンも異ならない［バーリン 二〇二一：二三］。Cf. O'Brien［1992: 595-596］.

（4）「反知性主義」はバークやその同時人が使った言葉ではない。知識人やその権威的立場を攻撃する「反知性主義的」運動は遅くとも十七世紀のピューリタニズムに遡るとされるが、この言葉自体は一九五〇年代のマッカーシズムのアメリカ合衆国で使われ、同国の政治的伝統を特徴づけるために使われることで広まった言葉である［ホーフスタッター 二〇〇三］。

（5）バークは同じく反啓蒙の先駆とされるヘルダーとは違って政治的「制度」を論じたのであり、その点で（政治の）専制を批判しえた［Sternhell 2010：295-296］。

（6）寛容の対象として無神論（者）が入っておらず、それが敵視されているのは、それまでのバークの寛容論と比べても際立った特徴をなしている。そこには、この間のフランス訪問の経験の影響があったと考えられる［McConnell 1995：409］。Cf. WS VIII［142＝上・一六七］.

参考文献

犬塚元（二〇一七）「受容史・解釈史のなかのバーク」中澤信彦・桑島秀樹編『バーク読本――〈保守主義の父〉再考のために』昭和堂。

岸本広司（一九八四）「エドマンド・バーク政治思想の形成」小笠原弘親・市川慎一編『啓蒙政治思想の展開』成文堂。

クラステフ、イワン／スティーヴン・ホームズ（二〇二一）『模倣の罠――自由主義の没落』立石洋子訳、中央公論新社。

コンパニョン、アントワーヌ（二〇一二）『アンチモダン――反近代の精神史』松澤和宏監訳、名古屋大学出版会。

ゴデショ、ジャック（一九八六）『反革命――理論と行動 一七八九～一八〇四』平山栄一訳、みすず書房。

佐藤正志（一九九四）「政治哲学の復権と自由主義の再検討」片岡寛光編『現代行政国家と政策過程』早稲田大学出版部、三ｰ二二頁。

トドロフ、ツヴェタン（二〇〇八）『啓蒙の精神――明日への遺産』石川光一訳、法政大学出版局。

中野好之（一九七七）『評伝バーク――アメリカ独立戦争の時代』みすず書房。

ハーシュマン、アルバート・O（一九九七）『反動のレトリック――逆転・無益・危険性』岩崎稔訳、法政大学出版局。

バーリン、アイザイア（二〇二一）『反啓蒙思想 他二篇』松本礼二編、岩波文庫。

ピンカー、スティーブン（二〇一九）『21世紀の啓蒙――理性、科学、ヒューマニズム、進歩〈上〉』橘明美・坂田雪子訳、草思社。

ホーフスタッター、リチャード（二〇〇三）『アメリカの反知性主義』田村哲夫訳、みすず書房。

ポーコック、J・G・A（一九八九）「「保守的啓蒙」の視点――英国の啓蒙と米・仏の革命」福田有広訳、『思想』七八二号、六七ｰ九六頁。

ロック、ジョン（二〇一八）『寛容についての手紙』加藤節・李静和訳、岩波文庫。

Burke, Richard（2012）“Enlightenment and Romanticism,” D. Dwan and C. J. Insole eds., *The Cambridge Companion to Edmund Burke*, Cambridge University Press, pp. 27-40.

O'Brien, Conor Cruise（1992）*The Great Melody: A Thematic Biography of Edmund Burke*, University of Chicago Press.

McConnell, Michael W.（1995）“Establishment and Toleration in Edmund Burke's Constitution of Freedom,” *Supreme Court Review*, 393, pp. 393-462.

Sternhell, Zeev（2010）*Les anti-Lumières: Une tradition du XVIIIe siècle à la guerre froide*, Gallimard.

コラム4　ヨーロッパの海外拡張と布教

小田　英

新約聖書の『マタイ書』28で、キリストは使徒に全世界での布教を命じた。これも一因となって、キリスト教会は世界布教を志向してきた。布教は教会を地理的に拡大させ、さらに、世俗国家の拡大と結びついてきた。特に、大航海時代がそうである。

大航海時代に、布教は未曾有のグローバルな規模で試みられた。主な要因は、コロンブス等の地理的「発見」で、無数の異教徒が「発見」されたことである。さらに、同時期の宗教改革も主要因となった。ヨーロッパで旧教勢力は新教勢力との対決で多くの支配地域を失ったが、海外布教でその損失を補おうとしたのである。

「発見」以降、スペインによる新世界の征服と布教は理論と実践において密接に結びついた。「発見」直後、教皇アレクサンデル六世は教書「インテル・カエテラ」で、布教という目的でスペインによる新世界の征服を正当化した。スペイン王権はこの布教イデオロギーを利用した。例えば征服隊が征服開始前に先住民に読み上げた「降伏勧告状」である。この文書において、先住民は布教によって改宗すべき存在であり、そのためにスペイン王への服従を要求され、断れば征服対象とされた。布教はさらに、植民地行政に組み込まれた。例えばノマディックな先住民が征服された場合、植民地当局は効率的な労働管理と布教活動を企図して、彼らを一つの布教村に強制集住させることもあった。

征服と布教が進む中、布教理論が発展し、他地域へ伝播した。当時スペインで、上述の征服の正当性をめぐる大論争が生じた。布教のあり方が、特に布教と強制力行使の関係が主要論点の一つになった。激しい論戦の結果、布教のためなら征服や支配は正当化されるという素朴な議論は通用しなくなった。それでも、先住民に対する戦争は彼らによる組織的な布教妨害や迫害によって正当化されうるという点が原則的に概ねコンセンサスとして認められた。この論争はポルトガルの布教対象地域だった十六世紀末の日本や中国への征服に関する論争に大きな影響を与えた。

十七世紀に入ると、それまでヨーロッパでの自己保存で手一杯だった新教勢力が海外拡張に本格的に参入する。特に、旧教勢力のアメリカでの植民地を脅かし東アジアでの植民地を奪うことで十七世紀に黄金時代を迎えたオランダが注目に値する。

オランダは海外の新たなエリアと旧教勢力の既存の植民地や支配圏への進出を正当化する際に、布教を根拠の一つとして利用した。寛容で知られるオランダの宗教的多様性の中で特権的地位を占めたカルヴァン主義の改革派教会は、世界布教の推進者だった。その目的はキリストの布教命令を遂行し、神の名誉を世界に広めることだった。さらに、宗教改革での対立を反映した目的もみられた。すなわち、旧教の偽りのキリスト教が世界で広まってしまったので、宗教改革で清浄化された真のキリスト教を弘め、無数の先住民の魂を真に救済することである。それらの実現にあたり、改革派教会は自身への支援が政府の職務に属すと考え、布教での支援を求め、政府もこれに応じた。実際に海外拡張を担った東インド会社（VOC）や西インド会社も応じた。さらに、例えばフーゴー・グロティウスの『捕獲法論』（公刊は十九世紀）などにみられたように、政府と会社は布教をその正当化に利用した。

布教は実質的にオランダ海外拡張の一側面をなした。VOCは貿易の利益を優先しがちであり、教会を操ろうともしたが、布教に無関心の単なる営利会社ではなかった。むしろ、東アジアへの牧師などの派遣、教会や学校の建設、必要物資の供給などで布教活動を支えた。この点で日本は例外的だった。

布教は啓蒙思想の発展に寄与した。例えば、啓蒙時代にヨーロッパ人は人類が狩猟採集から商業社会へ至る発展段階説を考案し、アメリカ先住民を最底辺の狩猟採集に、自身を最上位の商業社会に位置付けることで、自身の植民地支配を正当化したが、先住民に関する知識や発展段階説の原型などは宣教師等がもたらした。

最後に、植民地の人々が必ずしも布教の知と実践によってヨーロッパ人に一方的に支配されたわけではなかった点に触れたい。例えば、メキシコ独立革命での使徒トマス＝ケツァルコアトル説にみられたように、布教で根づき植民地で独自な仕方で解釈されるようになったキリスト教思想がヨーロッパ本国からの植民地独立に寄与することもあった。

第Ⅲ部　啓蒙への批判

第6章　啓蒙の主体とは何か？
――初期フランクフルト学派とカント――

和田泰一

はじめに

理性や科学、ヒューマニズム、進歩といった啓蒙の諸理念の価値と有効性を称賛した近年の著作に、ピンカーのものがある［Pinker 2019＝二〇一九］。彼によれば、カント（一七二四―一八〇四）の「敢えて賢こかれ！」という啓蒙の言葉は、われわれから無知や迷信を取り除き、ヒューマニズム的な道徳的価値を世界中に普及させ、比類なき経済的・文明的繁栄と理想主義的な国際平和秩序を実現した金言であった。だが現在でもわれわれは、例えばCOVID-19に関する誤情報や独裁政権のプロパガンダなど、非理性的・非科学的な諸意見が飛び交う言論空間を容易に確認することができる。そうした誤った情報や教義を妄信している人々は、自分たちこそが真理や正義を理解した理性的な存在であると信じており、他者のファクト・チェックによって自説の誤りを指摘されたとしても、なかなか即座に改心しようとはしない。なぜなら、ある特定の情報や教義を正しいものとして選択する以前に、人々は、多様な事象や出来事を科学的対象として表象し、それらを諸概念によって科学的に整然と体系化しうる特権的で理性的な存在であること、すなわち啓蒙された主体であることを自ら信じて疑わないからである。彼らが実際に選択するものが真理であれ誤謬であれ、この世界に対する彼ら自身の立ち位置は、揺るぎない絶対的視座としてあらかじめ保障されている。(1)

本章の目的は、誤った情報や教義が私たち主体によって安易に信奉・拡散されるこうした背景を探るべく、初期フランクフルト学派のホルクハイマー(一八九五‐一九七三)とアドルノ(一九〇三‐一九六九)が論じた啓蒙の概念や体系、弁証法的過程を参照しつつ、カントの啓蒙の主体とそれに対する彼らの批判を考察することである。『啓蒙の弁証法』で論じられた啓蒙の歴史とは、自然を客体として自律的・能動的理性のもとに従属させようとしたわれわれ啓蒙の主体が、やがて自然的なものへと、あるいは市場経済や文化産業によって他律的・受動的に支配される客体へと頽落していく主体性の原史であった[Horkheimer and Adorno 1988 : 62, 85 = 二〇〇七:一一九、一五五]。そうした啓蒙の主体性の原史の近代的端緒に、理性の公的な使用を世界全体に普及させようとするカントの試みがあることは間違いない。ホルクハイマーとアドルノは『啓蒙の弁証法』の「ジュリエットあるいは啓蒙と道徳」において、またアドルノ単独では、一九六三年フランクフルト大学夏学期での『道徳哲学講義』と『否定弁証法』第三部において、カントの主体の概念について注意深く論じている。啓蒙的な言説空間の諸条件が揃っているにもかかわらず、人々が非啓蒙的言説に頽落しがちであるというこの啓蒙の主体をめぐる問題は、公的空間における市民相互のより自由で平等な議論の促進といった平凡な回答で済ますべきではない。なぜなら、経験的・具体的な情報や意見を選択する以前に彼らはつねに‐すでに自らが理性的な啓蒙の主体であると妄信しているので、公的な議論を行なう前のこの私‐主体がいかにして思弁的かつ実践的に自明の存在たりえたのか、という問いを検証する必要があるからである。それゆえ啓蒙の主体をめぐる問題は、ホルクハイマーとアドルノのカント解釈に忠実に従いつつ、先験的論理学の体系と実践理性の自由の議論も射程に入れながら厳密に考察すべきであろう〔Horkheimer and Adorno 1988 : 88 = 一七九〕。

本章は、カントの啓蒙の主体が、その先験的・形式主義的な定式にもかかわらず、清濁併せ呑むあらゆる経験的・具体的な内容を招来しやすく、人々の意見や教義が非啓蒙的言説へと陥りやすい原因となっていることを論証することにする。**1**では、ホルクハイマーとアドルノによる啓蒙の主体性の原史の二つのテーゼ——①「すでに神話が啓蒙である」、②「啓蒙は神話に退化する」——を議論の前提として確認するとともに、自然や神話を克服するために発展してきた啓蒙が再び自然や神話に回帰していく社会的・構造的プロセスを論じる。**2**では、理性を公的に使用するアクターという単純な解釈に還元されないようなカントの啓蒙の主体の意味と構造を、ホルクハイマーとアドルノのカント解釈に従って忠実に解説する。**3**では、カントの啓蒙の主体が実践理性の領域に拡張されるにともなってその先験的・形式主義的性質が徹底化されなくなり、非啓蒙的な意見や教義が容易に流入しやすくなっていく様相を論じる。

1　啓蒙の主体性の原史

†すでに神話が啓蒙である

人間を神話や呪術から解放し、外的・内的自然の支配者の地位につけようとする啓蒙のプログラムは、もともと起源を同一とする神話と啓蒙とが非同一的なものとして対立しつつ歴史的に展開していく弁証法的合一過程を通じて進行していく。ホルクハイマーとアドルノが論じた啓蒙の概念は、①「すでに神話が啓蒙である」、②「啓蒙は神話に退化する」、という二つのテーゼで要約されているので、それぞれ順に説明することにしよう〔Horkheimer and Adorno 1988：6＝一五、Brunkhorst 1999：73-77〕。

前史の未開人は自分の生命を脅かす外的自然だけでなく、それに恐怖や不安を感じる心の内的自然をも克服しなければならなかった。彼らにとって未知の外的自然はマナと呼ばれていたが、その存在に驚いた人間の声は、特異的な聖なる名辞として言語化された。そうした言語化は、本来ならばただの素材として無意味に存在するにすぎなかった外的自然が概念化され、その存在様態が物と言葉とに二重化されるという弁証法的思考の産物であった。さらに神話は、未知の外的自然を払拭して既知の体系的秩序の中にそれらを包摂する文化人類学的な試みをより発展させ、霊魂が宿ったとされる動植物・無生物が人間集団の信仰の対象となるアニミズムや、トーテム集団と動植物・無生物の集団とが密接に結びついた宗教的・呪術的慣行であるトーテミスムが執り行なわれるようになる。いずれも、人間の社会集団と動植物・無生物の種的集団とを象徴的な類縁関係によって結合するものである。例えばレヴィ＝ストロース（一九〇八－二〇〇九）が論じたように、トーテミスムとは、社会の持続と連帯を可能にするためにある象徴（シンボル）を媒介にして諸個人を集団的な儀礼行為に結びつける儀礼的関係であり、自然界の種差の区分を集団の下位区分に適用して集団全体をコード化するものである［Lévi-Strauss 1962＝二〇〇〇］。それゆえ例えば星座のように、未知の外的自然を既知の体系的秩序の中に取り込むためにさまざまな象徴（シンボル）を駆使する神話は、すでにそれ自体で啓蒙の働きの産物なのである。

しかしながら、啓蒙によって犠牲にされたさまざまの神話は、それ自体すでに、啓蒙自身が造り出したものであった。……神話とは、報告し、名付け、起源を言おうとするものであった。しかしそれとともに神話は、叙述し、確認し、説明を与えようとした。この傾向は、神話が文字によって記録され、収集されることによって強化された。早くから神話は報告から教説になった。どんな儀礼にも、事象についてのある観念、つまり呪術によって左右さるべき特定の過程についての観念、が含まれている。［Horkheimer and Adorno 1988 : 14 ＝二〇〇七：三〇－三一］

† 啓蒙は神話に退化する

「知は力なり」というフランシス・ベーコン（一五六一－一六二六）の有名な言葉は、迷信や呪術に基づく神話的な自然理解から人間を解放し、また帰納法によって必然的な一般命題に到達して、自然一般の秩序を解明しうる新しい学問を構築しようという彼の野心の表現であった。ベーコンが非難した四つのイドラ（誤った偶像）――種族のイドラ、洞窟のイドラ、市場のイドラ、劇場のイドラ――は、それぞれ誤った感覚の妄信、誤った学問の習得、誤った用語の使用、誤った学説の信仰を意味していた。それらは人間の知性が正しい真理を獲得することを妨害する幾多の障害であるので、神話に代わって今度は「迷信に打ち克つ悟性が、呪術から解放された自然を支配しなければならない［Horkheimer and Adorno 1988 : 10 ＝二〇〇七：二四］」のであった。こうして啓蒙は、論理学的技術や計算的理性を駆使することによって神話の呪術的要素から離脱しようとするのだが、啓蒙の歴史的展開は、逆に啓蒙を神話へと退行させることになる。ここでは、①疎外（Entfremdung）、②反復（Wiederholung）という二つの側面から啓蒙の神話への退行を説明することにしよう。

†疎　外

論理学的技術や計算的理性によって外的・内的自然を支配するために悟性が用いる知＝力とは、学術研究や市場経済、文化産業といった人類の文明のあらゆる領野で日常的に使われる科学技術一般である。例えば近代社会の資本主義的生産様式において資本家は、商品を生産するための資源として外的自然を客体化し、その質的部分を排除して計算可能な量的範疇にそれらを同一化するが、同様に、個々の労働者の能動的・個性的部分を排除して交換可能な量的価値に彼らを同一化して、彼らの身体・精神を客体化する。

神話は啓蒙へと移行し、自然はたんなる客体となる。人間は、自己の力の増大をはかるために、彼らが力を行使するものからの疎外という代価を支払う。啓蒙が事物に対する態度は、独裁者が人間に対するのと変るところはない。……この転換のうちで、事物の本質はいつも、不変の同一のもの、支配の基体としてあらわになる。この同一性が自然の統一を形づくる。……そういう見えない力の似姿として、人間は初めて自己の同一性を獲得する。……これこそ精神の同一性であり、それに対応するのが、質の充実の放棄を代償として得られた自然の統一である。質を喪失した自然は、たんに分割されるだけの混沌とした素材になり、全能の自己は、たんなる所有に、抽象的な同一性になる。[Horkheimer and Adorno 1988 : 15-16 = 二〇〇七 : 三二 − 三四]

『経済学・哲学草稿』でマルクスは、等価交換原理によって支配された市場経済においていかに労働者の労働が疎外されるかを懇切丁寧に説明している [Marx 1932 = 一九六四]。第一に労働者の労働と商品との関係について言えば、資本主義的生産様式において労働者は、資本家の指示のもと生産手段である自然を加工して、労働生産物つまり商品を生産するが、彼らが生産した商品の価値は市場で量的に計測された交換価値に依存しており、労働者が商品を生産すればするほど商品の価値は低下し、労働者の労働価値そのものも低下していってしまう。それゆえ労働者は、商品の生産手段を自然から受け取っていること、また労働再生産のための生存手段を自然から受け取っていることという二重の意味で、客体化された自然に依存し、その奴隷となっている。また第二に労働者の生産活動について言えば、主に資本家の利益のためになされる労働者の労働は、経済的・精神的に貧しく、楽しみが感じられないものに貶められており、疎遠な活動に劣化させられてしまっている。こうした啓蒙の疎外過程で疎外された労働者が資本家－主人の命令のもと客体化され、量的で交換可能な労働力として無為な生産活動に従事していく有様は、ホルクハイマーとアドルノによって、過去の神話への沈殿を迫るセイレーンの誘惑の歌声に抗して、耳を塞ぎつつ黙々と船を漕ぎ続けるオデュッセウスの同行者たちの労働の姿に例えられている。

†反　復

もともと神話は、生起した出来事とそれに対する償いという因果応報の物語を語ることで自然をコード化しようとする象徴形式であり、神話を引き継いだ啓蒙も、自然の反復する生命過程を超克したいという人間の儚い夢の現われである［Horkheimer and Adorno 1988：23＝二〇〇七：四五－四六］。つまり、この世界で生じるさまざまな出来事を自然法則の反復として説明することができる限りで、人間は反復の循環に囚われた自然とは異なる自由な主体であるとされたのである。一方で反復を逃れた支配する主体、他方で反復に囚われた支配される客体へと分割するこの知の二分法（dichotomy）は、外的・内的自然と人間との関係だけでなく、人間の社会関係にも適用される。神話の時代では、象徴（シンボル）を特権的に使用して自然の反復を説明し得たのは祭司と呪術師であり、聖なる本質は彼らのみに司り、他の諸個人は彼らに従属する立場に追いやられていた。やがて啓蒙は、自然の客体に祭司的支配者が押し付けた反復を諸個人にも適用し、彼らは貨幣や交換といった量的で交換可能な尺度のもと均一化されるとともに、分業に基づく社会的階層秩序と、合理的な全体であると標榜する支配者－主人の社会的抑圧との双方に受動的に隷属する奴隷となる。

それに対して後代においては、精霊たちとの交流と隷従することとは、人類のそれぞれ別の階級に振り分けられるようになる。つまり権力は一方に、服従は別の側に振り分けられる。……かつてもろもろのシンボルが意味していた自然の反復は、進展していくにつれて、つねにシンボルによって表現された社会的強制の永遠化であることが判明する。確固とした像へと対象化された戦慄は、特権層の固定化された支配の徴しとなる。普遍的な諸概念が、あらゆる写像的要素を捨て去ったとしても、普遍的諸概念が支配の徴しであることに変りはない。科学の演繹的な形式さえ、社会的階層秩序と強制的圧力とを反映している。〔Horkheimer and Adorno 1988：27＝二〇〇七：五二－五三〕

だが反復を強制されたのは労働する諸個人だけではなく、啓蒙の合理的思考も同様であった。例えばプラトンのイデアの観念のように、古代の言語は、抑圧的な社会的階層秩序において支配者－主人に普遍性と中立性を与えることに貢献したが、近代の科学的な言語は、自然を事実として数値化・計量化する数学的方法として現われた。次々と現われる事実を前にして実証主義的に操作を行なう合理的思考は、それらの追想を半永久的に反復するだけの退屈な自動機械になり下がり、神話的な諦念へと沈降していく。「事実的なものこそ正しいとされ、認識はその反復に局限され、思考はたんなる同語反復になる。思考機械が、存在するものを自らに隷属させればさせるほど、それだけ思考機械は、盲目的に存在者の再生産という分に安んじるようになる。それとともに啓蒙は、しょせん逃れるべくもない神話へと逆転する。なぜなら神話はもともと、さまざまの形態をとって、現存するものの本質、つまり世界の循環や運命や支配を、真理の姿として映し出し、希望を断念していたからである」[Horkheimer and Adorno 1988:33=二〇〇七:六二]。外的自然が思考の合理的な数学的方法によって単なる事実の再認として整序されたのと同様に、個人の身体や精神も物象化されて、資本主義的生産様式において労働の再生産を担う量的で統計学的な要素として処理されるようになったのである。服従する諸個人に反復する労働を強要する支配者-主人は、労働という必要不可欠な社会的役割を除外されているがゆえに代理可能で空虚な立場にとどまるのであり、ホルクハイマーとアドルノによって、過去の神話への沈殿を迫るセイレーンの誘惑の歌声を聞きつつも、船を漕ぐ労働から除外されて柱に縛られ身動きできず、支配者-主人として啓蒙の進歩を推し進めていくオデュッセウスに例えられている。

こうして神話から人間を解放するために現われた啓蒙は、人間の自然からの疎外や自然の反復の人間社会への適用といった経過を辿りつつ、現代の世俗的な大衆社会に神話を回帰させる。反復される生産活動に従事し、交換可能な量的価値で均一化・計量化される疎外された労働者は、資本主義的生産様式、全体主義的支配体制、そして快楽の享受と現状肯定を要請する文化産業といった啓蒙の成熟期の諸構造の中で大衆社会の歯車となる。いわば、啓蒙によって客体化された自然的諸対象の総体が、今度は啓蒙の主体である人間を支配する側にまわるのである。こうして啓蒙は、客体化した諸事実の思考的反復や労働の再生産、商品の物神化を推し進め、この世界の定められた循環や運命を真理として押し付けてきた神話そのものへと退化していく。これが、啓蒙の主体性の原史の概要である。

2　カントの啓蒙の主体

それでは、啓蒙の主体性の原史においてカントの啓蒙の主体はいかなる機能を果たしているのだろうか。本節では、カントの啓蒙の主体の意味内容とその原理、体系について検証することにしよう。

†『啓蒙とは何か』

はじめに、『啓蒙とは何か』におけるカントの啓蒙の概念の意味内容について簡潔に確認しておこう［Kant 1999 ＝ 一九七四］。カントにとって啓蒙とは、人々が他人の指導がなければ自分自身の悟性を使用し得ないような他律的な未成年状態から抜け出て、他人の指導がなくても自分自身の悟性を使用しようとする決意と勇気を持つ自律的な主体になることを意味していた(2)。勇気をもって自分の悟性を使用する仕方とは、ある人が学者として一般の読者に対して自分の理性を使用する自由、すなわち理性を公的に使用する自由を意味している。この公的に理性を使用する自由は、私的に理性を使用する自由、すなわち、将校や公民、聖職者などが職務や義務に従事しているときに議論する自由とは対照的である。なぜなら、カントによれば、それらの人々が職務時間外に公的な議論の場で議論することは自由に許されるとしても、彼らが職務や義務に従事しているときに議論を行ない、攻撃や納税、定められた説教を履行しないとしたら、そうした逸脱行為は公的目的の実現に大きな支障となるからである。カントは、十八世紀後期の時代は人々が今まさに未成年状態から脱しようとしている啓蒙の時代だと宣言し、幅広い領域において理性の公的な使用を民衆に認めるプロイセン王フリードリヒを称えつつ、この短い論考を閉じている。

†カントの啓蒙の深意

ホルクハイマーとアドルノがカントの啓蒙の概念を解釈するとき、そこに浮かび上がるのは、諸能力を駆使して外的・内的自然を客体化し、認識と実践の双方でそれらを支配しようとする啓蒙の理性的な主体の姿である。彼らによれば、他人の指導がなくとも自分自身で使用し得る悟性とは理性によって指導される悟性であり、それゆえ啓蒙とは、理性の指導のもと「悟性が自分なりの一貫性にしたがって個々の認識を体系へ纏めあげること」［Horkheimer and Adorno 1988：88＝二〇〇七：一七九］にほかならない。そもそもカントによれば、感性とは、空間と時間という純粋形式において現われる対象のさまざまな感覚的表象を直観によって受容する能力であり、また悟性とは、感性的直観によって与えられたさまざまな対象を、分量や性質、関係、様態といった純粋悟性概念すなわちカテゴリーのもとで思惟し、規則化する能力であった。また理性とは、悟性概念にのみ関係し、概念の諸規則を原理の下に統一する能力であり、思惟する主観の絶対的統一（魂）、現象の条件の系列の絶対的統一（宇宙）、思惟一般の一切の対象の条件の絶対的統一（神）という三種の理念で表現された。ホルクハイマーとアドルノは、カントの人間の諸能力と啓蒙との関係について、次のように述べている。

理性は「一定の集合的統一を悟性行為の目的とする」。そしてこの統一こそが体系（System）である。理性の諸規定は諸概念の階層的構造を指定する。カントにおいては、ライプニッツやデカルト

における と同様に、合理性の働きは、「より高次の類への上昇においても、より低次の種への下降においても、体系的連関を完成する」という所にある。認識の「体系性」は、「一つの原理(Prinzip)に基づく認識の連関」である。思考とは、啓蒙の考える所によれば、統一ある科学的秩序をつくり出すことであり、諸原理に基づいて事実認識を導き出すことである。[Horkheimer and Adorno 1988：88＝二〇〇七：一七九]

彼らのカント解釈によれば、啓蒙とは、他者の指導を他律的に受けることなく、ある確実な原理に基づいて概念による悟性認識の諸連関を一つの科学的体系に統一することである。したがって啓蒙の主体が公的空間で自由に議論するときには、原理に基づいて体系が構築されているかを必ず意識しなければならない。では啓蒙の純粋形式を形づくる体系や原理といったカントの啓蒙の諸概念は、アドルノにとって具体的に何を意味しているのだろうか。

†体系と原理

アドルノにとって体系とは、ア・プリオリ性や同一性に基づいて主体が外的・内的自然を概念として客体化するために作り上げた科学的秩序である[Adorno 1970＝一九九六：二九‐四二]。アドルノは、ダランベールの体系の概念に依拠しつつ、封建的な支配階級に対して独自性を主張しつつあったブルジョワ階級の啓蒙の理性と体系の概念とを結びつける。つまり啓蒙の理性は、中世の妄信や模倣に影響されたスコラ的な存在論が崩壊した後のカオスな知的状況を立て直すために、自分自身の内部から超越論的に体系を構築することで、自然などの非概念的なものを諸概念の同一性の中に、つまり諸概念による悟性認識の図式の中に包摂させようと試みたのである。一切の経験や事実、具体的内容に影響を受けることなくア・プリオリに実行される悟性認識の図式は、「知覚をあらかじめ悟性にふさわしく構造化している叡智的メカニズムの無意識的な作用」[Horkheimer and Adorno 1988：88＝二〇〇七：一八〇]として私たちに働きかける。そうした作用は、市場経済の交換原理やハリウッド映画の検閲などのように、さまざまな非同一的なもの（特異なもの、個別的なもの、否定的なもの）を事前に定められた悟性認識の図式の中に同一化しようとする啓蒙の科学的体系の中に見出すことができる[Horkheimer and Adorno 1988：132＝二〇〇七：二五九]。

また啓蒙の科学的体系を基礎づける原理とは、自己保存（Selbsterhaltung）である。「啓蒙が念頭に抱く体系とは、諸事実をもっともうまく処理し、自然支配にあたってもっとも有効に主体を支持するような認識の形態である。その体系の持つ諸原理は自己保存の原理である。童蒙（未成年）状態とは、自己自身を保存する能力の欠如にほかならない」[Horkheimer and Adorno 1988：90＝二〇〇七：一八二]。例えばカッシーラーによれば、十七世紀のホッブズの政治学においてその科学的体系を保証する確実な原理とは自然法であり、またその第一の自然法とは自分の生命を護るために自分の力を用いる自由、つまり自然権であったので、自己保存の自由こそが彼の政治学の最高原理であった[Cassirer 2003：245-287＝二〇〇三：下・六六－一二八]。同じことは、カントの啓蒙の理性や道徳的な実践理性にも適用されうる。カントは『人倫の形而上学』の倫理学的原理論において、自然の衝動に支配された人間の動物性の部分に着目した場合、人間の自分自身に対する第一の義務とは自己保存であると述べたが、アドルノが依拠するのはこの部分である［Adorno 1996 : 204＝二〇〇六：二三二］。ここでカントは、意志の格律が普遍的立法の原理に合致するように行為すべしという純粋に形式的・超越論的な法則に従う理性的存在者ではなく、欲求能力を上手く抑制しながら自己の保存と幸福を実現しようとする実質的・経験的な動物的存在者を念頭に置いている。つまり、公的空間で他者と議論を行なう啓蒙の理性も、自分の生存と幸福を実現しようとする道徳的な実践理性も、この現実の世界では自己保存という同じ原理に基礎づけられている。アドルノによれば、自己保存を原理とする啓蒙の理性とは、俗世で幸福を実現するために過剰な欲動を上手くコントロールするフロイト的な現実原則であり、自己保存を顧みず衝動や快楽に流されるだけの神話的な快楽原則への耽溺を拒否するものである。それゆえサドの『悪徳の栄え』におけるジュリエットは、過剰なリビドー（性衝動）に支配され、狂信や享楽に溺れてしまった弱者なのではなく、キリスト教的な道徳に無関心で合理主義的な態度を取りつつ、人間の錯綜した諸情動を計画的・美的に整序された体系へと昇華する生の法則に導かれた、理性的で現実主義的な強者なのである。

したがって啓蒙の主体とは、自己保存の原理に基づいて認識の多様な諸連関を真理としての科学的体系へと統一する主体である［Horkheimer and Adorno 1988 : 92＝二〇〇七：一八五］。だがアドルノのカント解釈には、いくつかの疑念が残されているのではなかろうか。ここでは、①自己保存という啓蒙の原理に鑑みれば、啓蒙の主体が使用すべき理性は、もはや多様な認識を一定の科学的体系に総合する思弁的理性ではなく、ア・プリオリな法則を自分自身に与えるという実践理性の領野に拡張しているように思えること、②啓蒙の原理は自己保存という自愛・幸福の原理、すなわち下級欲求能力の表象であるところの実質的で経験的な原理で表現されており、実践理性が要請するア・プリオリな普遍的法則としてはふさわしく思えないこと、という二点を挙げておきたい。これらの疑念は、カントの啓蒙の主体にとって何を意味するのだろうか。

3　アドルノによるカント批判

†実践理性は、思弁的理性に優先する

アドルノのカント解釈をめぐる疑念をより明晰に理解するために、いくつかのテーゼに分割しつつ論述することにしよう。すなわち、①実践理性は、思弁的理性に優先する、②カントの道徳哲学は、第三アンチノミーに由来する、③道徳法則は、所与である。

カントの啓蒙の概念は理性の公的な使用という一般的な通説のみに収まるものではなく、自己保存という道徳的な実践理性と同じ原理に基づき、自律的に自らに普遍的法則を与え、義務づけるという積極的自由の領域と重なり合っている。『啓蒙とは何か』においてカントは、ある信条や宗教制度を固定化する聖教区会議に反対して、公的な議論によってそれらを望ましい方向へ変更し続けることができるという啓蒙の進歩を擁護する。しかもカントは、公的な議論の過程で国民がある法律や制度を受け入れるべき基準として「国民は自分自身に対してかかる法律を制定することができるだろうか」という普遍的立法を挙げる。つまりカントは、①啓蒙の原理＝自己保存に照らして、他人の指導を受けず自律的に法律や制度を価値判断しなければならない、②啓蒙の帰結としての法律や制度は、普遍的立法という自律的な立法過程を経なければならない、という啓蒙の原理とプロセスの双方で、啓蒙を実践理性の領野へ

と密かに拡張させるのである。したがって啓蒙の主体の問題は思弁的理性の領野にのみ収斂されるのではなく、いかに自己保存の原理に基づいてさまざまな普遍的法則を発見し、それら諸法則から成る法的体系を全面的に構築し得るか、またいかに諸個人の自由をそれら普遍的法則と両立し得るように相互的に強制し得るか、という実践理性と人倫の形而上学の問題へと拡張される。

アドルノは、人間の自由と意志に関わる道徳哲学ないし実践理性は、客体としての自然一般の認識に関わる理論哲学ないし思弁的理性に優先することを強調する［Adorno 1996：43-47＝二〇〇六：四九－五二］。なぜなら、『実践理性批判』でカントが論じたように、思弁的理性が洞察することができない意志の自由、神の現存、魂の不死を実践理性が扱うことができるという点に鑑みれば、客体のア・プリオリな認識にしか関心を持たない思弁的理性と、神の現存や魂の不死などの諸問題に関心を持ち、最高善や徳といった究極目的に向けて意志を規定する実践理性とでは、実践理性の関心の方がより上位の地位を与えられるべきだからである［Kant 2003＝一九七九］。だがここで実践理性の優位は、自然的因果性の系列や感覚が知覚した経験的・具体的な素材に影響を受けないような純粋に形式的・抽象的な性格を独自に持つという消極的な意味を持つにすぎない［Adorno 1996：45-46＝二〇〇六：五〇－五二］。啓蒙の主体が自らに課した法則や行為の義務・責任は、外的・内的な自然的因果性によってア・ポステリオリに説明されるべきではなく、その法則や行為の起点となって因果性を開始せしめた意志の主体自身が負うべきである。つまり自己保存に配慮する啓蒙の主体は、自然法則の因果性とは別の因果性、すなわち自由による因果性によって導かれねばならない。

†カントの道徳哲学は、第三アンチノミーに由来する

ホルクハイマーとアドルノによれば、カントの思弁的理性の領野では、認識と行為の主体、すなわち自然法則の因果性の影響を受ける経験的自我と絶対的に自由な超越論的自我とを併せ持つ主体は内的に矛盾した状態にある［Horkheimer and Adorno 1988：90-91＝二〇〇七：一八二－一八三］。もし主体が自愛や幸福といった下級欲求能力、すなわち内なる自然法則にのみ従属して行動するとしたら、すべての善悪の行為は経験的で偶然的なものになり、人間は自分の自然的欲望に無意識に従うだけの自動機械になってしまうだろう。そうした主体の二つの側面の葛藤は、『純粋理性批判』の第三アンチノミーにおいて開示される。つまり、「自然法則に従う原因性は、世界の現象がすべてそれから導来せられ得る唯一の原因性ではない。現象を説明するためには、そのほかになお自由による原因性をも想定する必要がある」という正命題、すなわち自由による因果性のテーゼと、「およそ自由というものは存しない。世界における一切のものは自然法則によってのみ生起する」という反対命題、すなわち自然法則の因果性のテーゼとの間の二律背反である［Kant 1974＝一九六一］。

アドルノによれば、カントによる第三アンチノミーの説明は、以下のようになる［Adorno 1966：243-246＝一九九六：二九九－三〇三；1996：39-84＝二〇〇六：四五－九九］。正命題である自由による因果性のテーゼについて言えば、自然法則の因果性において生起するものはその前の状態と原因性を必要としているので、第一の始まりも因果系列の完全性も存在しなくなってしまう。それゆえ自然法則に従って進行する諸現象の系列を自ら始めるような原因の絶対的自発性、すなわち超越論的自由が想定されなければならない。また反対命題である自然法則の因果性のテーゼについて言えば、この世界の出来事を絶対

的に始めることができる超越論的自由が存在すると仮定すると、ものが生起する作用の前にはその作用とはいかなる因果的結合も持たないような状態が存在しなければならず、それは自然的な因果関係に反するだけでなく、経験の統一も不可能にしてしまう。それゆえ超越論的自由の概念で自然界の因果的な出来事を説明しようとすると自然界が偶然的でカオスな状態になるので、合法則性に従う自然法則と関わりのないような超越論的自由を想定することはできない。アドルノによれば、こうした第三アンチノミーの論証の目的は、思弁的理性によって合法則性の契機と自由の契機とを結合したいというカントの哲学的企図を矛盾したまま開示するとともに、やがて実践理性の領野における自律的な主体の概念において合法則性と自由とを不可分に結合するためである。なぜなら、自由による因果性の帰結としての主体の行為は、彼自身の自律的な意志の表象としての普遍的立法に完全に従属した行為でなければならず、自然による因果性や他者の強制する意志によって否応なしに行なわれた他律的な行為であってはならないからである。

カントは、自然による因果性から自由による因果性を区別するために、われわれが日常生活で知覚・欲望するあらゆる経験的なもの・実質的なものとは関わりを持たず、自分自身に普遍的な法則を与え、それに忠実に従って行動すべきという概念、すなわち意志（Wille）の自律（Autonomie）という道徳法則を導入する［Kant 2003 = 一九六二］。人間が自由な主体であるためには、自然法則や他者の意見、自分自身の欲望、欲望の対象などの経験的実質から他律的に影響されることなく、自分自身の悟性によって発見し、また他者にも妥当すると信じた普遍的・合理的な道徳法則を自分自身に自律的に課すことが必要である。「つまり、法則なき自由は自由ではない。法則とのこの同一化のうちにこそ、自由があるというのである」［Adorno 1966：246＝一九九六：三〇二］。自由による因果性のみが、カントの道徳的な主体ないし自己保存の原理に基づいた啓蒙の主体が依拠すべき因果性であり、自律的に導かれ、普遍的法則に合致した法律・制度のみが人々に受容されるべきなのである。こうして自然法則の合法則性から逃れたはずの自由が、人間の自律的な普遍的立法という仕方で、別なかたちの合法則性と同一化することになる［Adorno 1966：246＝一九九六：三〇二］。

† 道徳法則は、所与である

だがここで道徳法則や啓蒙の原理であった自己保存は、ア・ポステリオリな原理、すなわち経験的な原理にすぎないのではないか、という先の疑念を想起しよう。人間の自由に完全な自律性を直接的に付与するためには、自然法則の因果性や幸福など、ア・ポステリオリに享受される一切の経験的実質が、道徳法則が導かれるあらゆる過程から排除されなければならなかったはずである。カントによれば、実践理性における普遍的法則は、自然法則や快・不快の原則などいかなる経験的なものとは関係のない、純粋に形式的な実践的法則でなければならなかった。また道徳的な普遍的法則、ないし啓蒙の理性によって合意された普遍的法律は、自分たち自身にその法律を自律的かつ普遍的に課すことに合意し得るという純粋な形式的意味しかを持たないはずであった。しかしアドルノは、カントの道徳法則――私の行動の原理、すなわち行動の至高の原則が、同時に一般的立法の原則となり得るように行動すること――は一つの事実であり、所与であると述べる［Adorno 1996：112＝二〇〇六：一三〇］。これはいかなる意味なのだろうか。

アドルノは、道徳の主体は（そしておそらく啓蒙の主体も）、ア・プリオリとア・ポステリオリ、自由と必然性、超越論的領域と経験的領域との間の無人地帯（Niemandland）に位置していると述べる［Adorno 1996：117-132＝二〇〇六：一三六－一五二］。つまりアドルノは、純粋理性によって排除しきれない経験的な残余が存在していることを指摘することで、カントの形式主義の不徹底さに対して全面的に異議を唱えているのである。アドルノは、なぜわれわれはア・プリオリ性を認識し得るのかという問いに言及するが、それは「一種の経験によってのみ、すなわちなんらかの知覚によってのみこのア・プリオリは感受されるから」［Adorno 1996：118＝二〇〇六：一三七］なのである。

このことを、道徳および啓蒙の主体の原理は自己保存である、というアドルノのカント解釈に引き付けて考察してみよう。そもそもカントの実践理性における普遍的原理は、実質的な普遍的原理と形式的な普遍的原理に分割されていた。第一の実質的な普遍的原理とは、欲求能力の実質に関与する経験的・具体的原理であり、われわれが自分に何らかの快楽をもたらす対象を欲求してそれを求めるとき、あるいは不快をもたらす対象に苦痛を感じてそれを避けるとき、その意志の規定根拠となるような自愛や幸福、すなわち自己保存の欲求を意味していた。それに対して第二の形式的な普遍的原理、すなわち普遍的立法の原理とは、欲求能力の実質には一切関与しない超越論的・抽象的原理であり、具体的なあれこれの事物を欲求の対象にしたり、具体的な個人の幸福を求めたりすることなく、個々の主体の欲求の経験的諸対象を捨象した後に残る普遍的な自己立法を意味していた。さまざまな意見・議論の内容やそれらの正否を一切問わず公的な議論の自由を認めたカントの啓蒙の概念は、実質的な普遍的原理を無視して純粋に形式化された普遍的な自己立法と類比関係にある。そして啓蒙の理性も実践理性も、その具体的内容を空白にしたまま将来的な最高善の実現を期待し、遅延し続けるという純粋に抽象的なシニフィアン（意味するもの）であるという点で、理念上唯一の無制約的で空虚な権威となっている。それゆえ啓蒙の実践において公的な自由を行使する理性がその論拠とするところの「国民は自分自身に対してかかる法律を制定することができるだろうか」という普遍的法則は、経験的な日常世界に生きるわれわれが、自分の幸福や自己保存の欲求などあらゆる個別的・具体的な内容・目的・企図を棚上げした後の無人地帯にそびえ立った石碑、モノリス（monolith）にほかならない。

理性がいかなる内容的な目的をも設定しない以上、情念はすべて、ひとしなみに理性とはほとんど無縁同然のものとなる。情念はたんに自然的なものとされる。……啓蒙にとって理性とは、事物の固有の実体を自らのうちに吸収し、理性そのものの純粋な自律のうちに揮発させる化学的動因である。自然に対する迷信的な恐怖から逃れるために、理性は、さまざまの客観的な作用統一や形態を、あます所なくカオス的な素材の蔽いとして暴き出し、人間の審級がそういう素材に影響されることを奴隷状態として呪詛する。そしてついには主体は、理念上唯一の無制約的で空虚な権威になり切ってしまった。［Horkheimer and Adorno 1988 : 96-97 ＝二〇〇七：一九二－一九三］

だが無人地帯のモノリスであっても、それを構築した誰かが過去に存在する限り、それは所与の経験的実質から完全に免れることはできない。自己保存に導かれた啓蒙の主体は、無人地帯の空虚な穴を埋めるべき純粋に形式的なシニフィアン（意味するもの）であるにもかかわらず、まさにそれゆえに、時と場所に応じて姿かたちを変容させつつ、ある所与の道徳法則として君臨し、既存の社会制度や規範を諸個人に強制的に義務づける。もちろんわれわれが、カントの形式的な普遍的原理と実質的な普遍的原理、あるいは普遍的立法と自己保存、超越論的自我と経験的自我とが、共同体の中で矛盾することなく一致するユートピアを夢想することも可能であろう。だがホルクハイマーとアドルノが強調するのは、それらの諸審級の間の矛盾が全体の連帯意識として昇華されるのは、自己保存という目的のために人間が単純な反復労働の中で完全に自然から疎外され、交換可能な量的対象として客体化されてしまった現在の退廃した産業社会においてでしかないということである。啓蒙の主体は、自己保存の原理に基づいて認識の多様な諸連関を真理としての科学的体系へと統一する存在者であったが、現代の産業社会において諸個人は、資本主義的生産様式、全体主義的支配体制、文化産業の全体系を保存しなければならないという合目的性のもと、諸連関の体系に統一されるべき単なる客体－素材にすぎない。

しかもこの啓蒙の主体は無制約的で空虚な権威という純粋に形式主義的な器でしかないので、何が自己保存にふさわしい実質的な普遍的原理であるかという問題については、いかなる任意の意見や内容でもその答えとして仮想的に許容しうる。所与の啓蒙の原理は、中立的で形式的な様相を標榜しつつ、資本主義的な生産様式の中で疎外と労働の反復による人間の自己崩壊を推し進め、特定の抑圧的な社会制度や規範の強制を支える動因となった。経験的・具体的内容を排除した空虚な権威となった啓蒙の理性がやがて全体主義的な支配体制と結び付いていく過程を、アドルノは次のような言葉で端的に表現している。封建的な社会制度や神話的な思考様式を瓦解させるために立ち上がったリベラルなブルジョワジーの精神を代表するカントの啓蒙の概念や体系は、その形式主義的な空虚さゆえに、既存の権力や秩序と結び付いたときには、ブルジョワジー自身を支配・客体化するための抑圧体系へと容易に転化してしまったのである。

理性は、内容的な諸目的を、精神に加えられる自然の力ないし理性の自己立法に対する侵害としてあばくからこそ、そういう形式性を持つものだけに、理性は、かえって個々の自然的関心の意のままになってしまう。思考は完全に道具になり、自然へと逆戻りする、しかし社会にとって全自然が素材になるのと同じように、支配者にとっては人間たちは素材になる。市民たちが相互に牽制し合うリベラリズムの束の間の幕間劇の後では、支配は、合理化されたファシズムの形態をとった古代的恐怖としてあらわになる。〔Horkheimer and Adorno 1988：94＝二〇〇七：一八九〕

おわりに

ホルクハイマーとアドルノによれば、未知の外的・内的自然を人間に理解可能な仕方で体系化しようという神話の試み自体が啓蒙の産物であった。また呪術的な神話から人間を解放しようとした啓蒙の理性も、資本主義的生産様式と市場の発展とともに、人間を交換可能で量的な単なる労働力に貶めただけでなく、単純な労働・思考を反復するだけの自動機械へと変貌させた。こうして人間が主体として外的・内的自然を支配するための科学的手段であった啓蒙は、人間自体を支配される客体へと転化させてしまった。啓蒙の主体性の原史においてカントの啓蒙の概念は、公的空間での理性の使用を通じて多様な経験的事象を科学的体系へと統一する自律的な主体を推進する役割を果たした。だが理性の公的な使用という一見中立的・思弁的に見えるカントの形式主義的な啓蒙は、実際には自己保存の原理に基づき実践理性の領域へと越境するものであった。そしてもともと道徳的主体および啓蒙の主体は、自然法則の因果性とは異なる自由による因果性に従って自律的・先験的でならねばならなかったはずだが、実際には現世での自己保存という下級欲求能力から派生した、他律的・経験的な観念の産物であった。こうしてカントの啓蒙の主体は、他律的・経験的内容を内包するにもかかわらず、自律的・先験的な純粋形式を装わねばならないという偽装的な容貌を帯びることになった。

一切の経験的内容や個別性を捨象した形式主義的なカントの啓蒙の概念は、現代のわれわれにとって所与となったような、その行動の如何にかかわらず個人の自由を最大限に尊重する高度資本主義の市場社会や、その党是の如何にかかわらず政治的議論を最大限に尊重するリベラルな政治体制の構造を色濃く反映したものであった。だがアドルノによれば、自己保存の原理に基礎づけられた啓蒙の体系は経験主義的な諸原則に起因するものであり、その純粋に形式主義的で中立的な容貌とは裏腹に、その空虚な穴が抑圧的イデオロギーによって容易に埋められてしまう危険性と隣り合わせである。啓蒙の理性を働かせているわれわれ個人も同様であり、悟性の運用の仕方によっては、われわれはいつでも非理性的ドグマや抑圧的プロパガンダに洗脳される可能性がある。アドルノは、フロイト－ラカン心理学を念頭に置きつつ、自己保存のために自然的欲動を抑圧・制御する現実原則を押し付ける道徳法則の所与性に疑問を呈するとともに、そうした所与の抑圧的法則が機械的に社会全域に強制される合理化されたファシズムに批判的な立場を取った。啓蒙の主体性の原史の延長上に生きる現代のわれわれは、啓蒙の主体の空虚な権威の座にいかなる真理や正義が隠れて鎮座しているのかについて、その形式的で中立的な容貌に騙されることなく批判的に検証していかなければならないであろう。

（1）私が論じる啓蒙の主体は、バトラーが言及した「法の前に存在する主体」の概念から敷衍したものである［Butler 1990：3＝一九九九：二一］。

（2）若森は、啓蒙とは自分自身の行動の法則を自分に課すという自律性への欲求であると論じている［若森 一九九四：五九－六〇］。

■参考文献

横田榮一（二〇一三）『カントとアドルノ――自然の人間的歴史と人間の自然史』梓出版社。

若森栄樹（一九九四）「カントの「近代」――『啓蒙とは何か？』を読む」『現代思想』三号臨時増刊、青土社、五四－七〇頁。

Adorno, T.（1970）*Negative Dialektik: Jargon der Eigentlichkeit*, Frankfurt am Main : Suhrkamp.（テオドール・W・アドルノ『否定弁証法』木田元・徳永恂・渡辺祐邦・三島憲一・須田朗・宮武昭訳、作品社、一九九六年）

Adorno, T.（1996）*Probleme der Moralphilosophie*, Frankfurt am Main : Suhrkamp.（アドルノ『道徳哲学講義』船戸満之訳、作品社、二〇〇六年）

Bacon, F.（2000）*The New Organon*, edited by Lisa Jardine, Michael Silverthorne, Cambridge: Cambridge University Press.

Brunkhorst, H.（1999）*Adorno and Critical Theory*, Cardiff: University of Wales Press.

Butler, J.（1990）*Gender Trouble: Feminism and the Subversion of Identity*, New York: Routledge.（ジュディス・バトラー『ジェンダー・トラブル――フェミニズムとアイデンティティの攪乱』竹村和子訳、青土社、一九九九年）

Cassirer, E.（2003）*Die Philosophie der Aufklärung*, Text und Anmerkungen bearbeitet von Claus Rosenkranz, Gesammelte Werke, Hamburger Ausgabe, Bd. 15, Hamburg: Felix Meiner Verlag.（エルンスト・カッシーラー『啓蒙主義の哲学』全二巻、中野好之訳、ちくま学芸文庫、二〇〇三年）

Horkheimer, M. and T. W. Adorno.（1988）*Dialektik der Aufklärung: Philosophische Fragmente*, Frankfurt am Main: Fischer Taschenbuch Verlag.（ホルクハイマー／アドルノ『啓蒙の弁証法――哲学的断想』徳永恂訳、岩波文庫、二〇〇七年）

Kant, I.（1974）*Kritik der reinen Vernunft*, herausgegeben von Wilhelm Weischedel, 2 Bd, Frankfurt am Main: Suhrkamp.（カント『純粋理性批判』全三巻、篠田英雄訳、岩波文庫、一九六一年）

Kant, I.（1907）*Die Metaphysik der Sitten*, herausgegeben von der Königlich Preußischen Akademie der Wissenschaften, Band Ⅵ, Berlin: Walter de Gruyter.（カント『カント全集11　人倫の形而上学』樽井正義・池尾恭一訳、岩波書店、二〇〇二年）

Kant, I.（1999）*Was ist Aufklärung?*, Ausgewählte kleine Schriften, Hamburg: Felix Meiner Verlag.（カント『啓蒙とは何か？』篠田英雄訳、岩波文庫、一九七四年）

Kant, I.（2003）*Kritik der praktischen Vernunft*, Hamburg: Felix Meiner Verlag.（カント『実践理性批判』波多野精一・宮本和吉・篠田英雄訳、岩波文庫、一九七九年）

Lévi-Strauss, C.（1962）*Le totémisme aujourd'hui*, Paris: Presses universitaires de France.（レヴィ＝ストロース『今日のトーテミスム』仲澤紀雄訳、みすず書房、二〇〇〇年）

Marx, K.（1932）*Ökonomisch-philosophische Manuskripte aus dem Jahre 1844, Karl Marx Friedrich Engels historisch-kritische Gesamtausgabe*, im Auftrage des Marx-Engels-Instituts, Moskau, herausgegeben von V. Adoratskij, Abt. 1,

Bd. 3, Berlin: Marx-Engels-Verlag G. M. B. H.（マルクス『経済学・哲学草稿』城塚登・田中吉六訳、岩波文庫、一九六四年）
Pinker, S.（2019）*Enlightenment Now: The Case for Reason, Science, Humanism, and Progress*, New York: Penguin Books.（スティーブン・ピンカー『21世紀の啓蒙――理性、科学、ヒューマニズム、進歩』全二巻、橘明美・坂田雪子訳、草思社、二〇一九年）

第7章　アイデンティティの政治思想と啓蒙批判

――啓蒙がもたらす不正義の再検討――

石川涼子

はじめに

今日、ＬＧＢＴＱ＋といった性的少数者への差別や、アメリカのブラック・ライブズ・マター（Black Lives Matter）運動に見られるような人種差別、また #MeToo に見られるようなジェンダーに起因する差別への注目が高まり、多様なアイデンティティを持つ人々をどのように尊重しつつ、それぞれの要求に応えていくかが社会問題となっている。こうした議論は、政治思想研究ではアイデンティティの政治や差異の政治、多文化主義といったトピックのもとで論じられてきた。本章では、概ね一九九〇年代以降の英米の政治理論におけるアイデンティティの政治をめぐる議論のなかで、とりわけ人々の多様性を積極的に承認し、社会に包摂していこうとする立場を取る論者たちのなかで啓蒙の理念がどのように受け止められ、使われてきたかを考察する。

啓蒙は、多様なアイデンティティを積極的に社会に包摂しようとする立場との親和性が高いと思われるかもしれない。なぜなら、肌の色や性別、出自にかかわらず、すべての人が違いを乗り越えて歩み寄り、お互いの自由の享受を可能にするような民主主義の追求は、世界を「知」の光で照らすことで人間や社会を偏見や迷信、魔術から解放することが人類の繁栄につながるという啓蒙の理念と共鳴するからである。だが、アイデンティティの政治をめぐる議論のなかで、啓蒙はしばしば批判の対象とされてきた。後述するように、啓蒙はあたかも今日の社会で生じている人種差別や女性差別、性的指向に関する差別、排外主義等、市民の多様性を軽視あるいは無視するような社会の在り方の根源にある思想とみなされてきたのである。この主張は、一九九〇年代頃のポストモダニズム、ポスト構造主義、ポストコロニアリズムといった思想に立脚する思想家たちの間では共通了解となっていたが、十八世紀ヨーロッパの思想を専門とする研究者たちからは、この理解が間違いだとして近年反論がなされている。

そこで本章では、アイデンティティの政治をめぐる議論の中でも、多様なアイデンティティを積極的に承認し、社会に包摂しようとする立場の思想家（積極承認派）から見た啓蒙について考察する。まず一九九〇年代に啓蒙がどのように批判されたかを概観する。積極承認派の思想家たちは、啓蒙が普遍主義的であること、理性を過信していること、そしてヨーロッパ中心主義的であることを問題視し、これらが組み合わさって人々の多様性を軽視する排他的な今日の政治に結びついていると考える。次に、このような批判に対する十八世紀ヨーロッパ思想の専門家からの反論を考察する。思想史家の観点から見ると、積極承認派の研究者たちが論じる啓蒙批判は啓蒙の一側面しか捉えていない。啓蒙は実際にはとても複雑で、散発的ですらあり、統一的な理念に基づく思想的な運動ではないため、積極承認派が批判する啓蒙は虚像だという主張もある。これを踏まえて、積極承認派が批判してきた啓蒙が虚像だったとして、そのことがアイデンティティを積極的に承認する意義を損ねるのかを考察する。その上で最後に、啓蒙の思想家たちが目指した理性による偏見からの解放という啓蒙のポジティブな側面を見るならば、啓蒙はアイデンティティの積極承認派が敵対すべき思想では必ずしもないことを確認する。

1 アイデンティティの政治思想と啓蒙批判

† 普遍性、合理性、欧米中心主義

まず一九九〇年代のアイデンティティや人々の多様性をめぐる議論において、どのように啓蒙が批判されてきたかを検討するところから考察を始めたい。この時期に啓蒙を厳しく批判した議論の特徴は、啓蒙の持つ普遍性、同質性、西洋中心主義への批判であり、それは多元性、差異、多様性を重視するがためであった。以下では、アイデンティティの政治をめぐる政治思想研究の中でのいくつかの例を挙げよう。

啓蒙を今日の諸悪の根源とみなす議論として、イギリスの政治哲学者ジョン・グレイ（一九四八－）による啓蒙批判がある［Gray 1995］。グレイによれば、啓蒙の思想家であるヒュームやカントの議論に依拠するジョン・ロールズ（一九二一－二〇〇二）の『正義論』（一九七一）が政治思想研究を席巻してい

ることに見られるように、啓蒙は今日の英米政治哲学においても強力な影響力を持っている。啓蒙がこれほどの影響力を維持し続けている背景には、人々が土着の伝統を捨て去り、人間性と合理的道徳を構築することで普遍的文明の下で結びつくという啓蒙への期待がある。だが、ここで想定されている普遍的文明とは欧米的なものである。欧米的な価値観に基づいた普遍性が人々を結びつけるという理想は、今日のように人々の特殊性や違いの重要性が見直され、欧米とは異なる文化や価値観があることが当然視される時代においては、役立たずだとグレイは述べる［Gray 1995: 2］(1)。

このように啓蒙への信頼に満ちた思想状況を批判するグレイが啓蒙に見出すネガティブな特徴は、普遍性と合理性、そしてヨーロッパ中心主義である。啓蒙は、理性を備えた人であれば皆受け入れることができる普遍の道徳を見出すことを目指す。グレイによれば、啓蒙は誰でも受け入れることができる普遍の道徳や価値があると考える点で、多様性を排して単一的な道徳や価値を志向している。また啓蒙が追い求める普遍的価値は、理性を備えた人であれば合理的に考え至るものだが、ここでいう理性や合理性も、ヨーロッパ以外の道徳や価値を不合理とみなす形で働くため、多様性を認めるようなものではない。したがって、啓蒙が前提としている普遍的で合理的な道徳や価値とは、実際にはヨーロッパの道徳や価値である。そのようなヨーロッパという特定の地域の歴史文化によって育まれた価値観にヨーロッパ以外の人々が普遍性を見出し、受け入れるはずだという期待は今日ではもはや通用しない。むしろ、欧米以外の共同体に暮らす人々が、それぞれの共同体の文化的伝統を踏まえた制度を築くような多元主義的な世界を想定するべきだとグレイは述べる［Gray 1995: ch.10］。

グレイのように啓蒙の思想を特徴づけ、西洋の歴史的文脈で育まれてきた道徳や規範が最善のものであり、世界中に当てはめることができる普遍的なものだという間違った思い込みが啓蒙の遺産であるとして啓蒙を批判する議論はこの当時広く見られた。(2) グレイと同様の立場から差異の政治の文脈で啓蒙についての批判がなされた例を次に見てみよう。

†差異の政治からの啓蒙批判

アイリス・M・ヤング（一九四九－二〇〇六）はアメリカの政治哲学者で、社会構造に起因する抑圧や不正義について、女性をはじめとするマイノリティに注目して取り組んだ政治思想研究で知られている。彼女は初期の著作『正義と差異の政治』（一九九〇）で、例えば女性や黒人、性的少数者など、主流の政治の場に居場所がなかった人々も政治に巻き込み、居場所を見出していくことを目指す「差異の政治」を考察している。ヤングの思想は今日フェミニズムの文脈で再評価されており、彼女の著作はフェミニズムの政治思想の古典に数えられるようになっている。彼女の議論にも啓蒙への批判的視点があるので、彼女がどのように啓蒙の遺産を位置付けたか確認したい。

ヤングは、理性を持つすべての人を平等に処遇するという啓蒙の理想の意義を認めた上で、この理想から導き出される政治は、支配的な集団から逸脱するような差異を帯びた人々、すなわち女性や黒人や性的少数者といった人々の経験を排除するようなものであったと考える［I. M. Young 2022: 156-158］。この点を踏まえて彼女は別の論文で、「すべての人を市民として認め、すべての人が市民としては同等である」という普遍的シティズンシップの理念が、実際には多様性を抑圧する効果を持ってきたことを指摘している［I. M. Young 1995］。なぜなら、人々の特殊性よりも一般性が、多様性よりも共通性が市民であることの基準となったからである。また普遍的シティズンシップはすべての人に同様のルールを適用する。このことは、個人や集団レベルでの差異に特別な配慮をしないことも意味していた。それゆえに普遍的シティズンシップの理念は市民の同質性を強化してしまい、女性や労働者、アフリカ系アメリカ人やアジア系、先住民といった集団を排除してきた。市民は集団別な意思決定に参加する際に、それぞれの個人が属する人種やエスニシティ、ジェンダーといった集団別差異にかかわらず、それらを超えて、市民として政治に参加することが求められたのである［I. M. Young 1995: 178］。ヤングは、集団的な差異を乗り越えることで市民となるという発想には「同質化の理想」があると考える［I. M. Young 1990: 157］。普遍性を求めて同質的な市民を構築しようとすることは、結果として、支配的な文化とは異なる集団に属する人々への抑圧や差別を隠蔽してきた。そのため、必要なのは市民が差異を克服して同質化することではなく、さまざまな集団が持つ多様な経験を政治に反映していくことであるとヤングは考える。

以上のようなヤングの議論は、グレイの議論よりも控えめな啓蒙批判であるが、やはり普遍性の追求を啓蒙のひとつの遺産として捉えている。その上で、これらの理想の追求が、結果として社会の支配的な集団から逸脱する人々を排除することにつながる点を問題視している。

†ポストコロニアリズムからの啓蒙批判

次に、啓蒙を悪とみなす視点が最も顕著に見られるのが、ポストコロニアリズムと呼ばれる分野の研究である。ポストコロニアリズムとは、かつて植民地であったがその後独立した地域に注目し、植民地主義が残した不平等や不正義に抵抗しようとする思想である。例えばエドワード・サイード（一九三五－二〇〇三）は、ヨーロッパが非西欧地域を植民地化した際に、ヨーロッパ中心的な知識のあり方や、人種に関する差別的な理解が影響していたことを、当時の文学や思想を考察することを通じて明るみに出した［Said 1978; 1994］。また植民地主義が形の上では終わった今日でも、かつての宗主国の影響力はどの地域でも強く、ヨーロッパを中心とする知識のあり方や価値観も、それがまるで現地の知識や価値よりも優れたものであるかのようにみなされることも多い。こうした現状に対して、ヨーロッパ的な物の見方から脱植民地化することをポストコロニアリズム研究は目指している［R. J. C. Young 2003］。このような問題意識を持つポストコロニアリズム研究には、ヨーロッパ以外の地域に啓蒙がもたらした遺産に関心を持つ傾向があるという。なぜなら、啓蒙の時代は植民地主義の時代でもあり、ヨーロッパ諸国の帝国主義と啓蒙の思想や精神が深く関わっていると考えられるからである［Ivison 2002: ch.2; Ivison 2020］。

ここでは、ポストコロニアリズムの影響を受けて、啓蒙的な科学的理性を諸悪の根源だとする議論を紹介しよう。サンドラ・ハーディングは米国カリフォルニア大学ロサンゼルス校（ＵＣＬＡ）の科学哲学を専門とする名誉教授であり、ポストコロニアリズムやフェミニズムの観点からの研究で知られる。ハーディングは「ジェンダー、開発、そしてポスト啓蒙の科学哲学」（二〇〇〇）と題した論文で、環境と持続可能な開発を考える際に途上国における女性が見落とされてきたことに注目し、「啓蒙の科学的合理性」がこのような失策に寄与してきたことを述べる［Harding 2000: 241］。ハーディングによれば、啓蒙の哲学は科学的知識の増大と社会の発展という理想を通じて、結果として男性中心主義的で環境破壊的な開発の理解をもたらした［Harding 2000: 242-248］。啓蒙には、科学の普遍性についての信念がある。唯一の真理があり、その真理に辿り着くことができるのは科学によってのみであるという信念は、さまざまなローカルな知識や知見を超える普遍に辿り着くことを目指すため、普遍の名の下に多様性を切り捨ててきたというのである［Harding 2000: 252-253］(3)。

ここまで、アイデンティティの政治に関わる啓蒙批判のいくつかの例を挙げた。これらは啓蒙を批判する議論のほんの一部を紹介したに過ぎず、啓蒙を諸悪の根源とみなす見解は、一九九〇年代の著作では広く見られた。批判の度合いの強弱に違いはあっても、いずれの思想家も啓蒙が掲げる合理性と普遍性という理想を問題視し、これらがヨーロッパ中心主義的な視点に支えられて、実際には西洋文明の優越を当然視する姿勢に結びついたことを非難していたのである。

2　啓蒙批判の妥当性

†啓蒙批判はわら人形攻撃か

さて、ここまで挙げてきた事例の中で批判されてきた啓蒙は、西欧哲学が積み上げてきた近代的理性主義の核にある思想であり、それゆえに普遍主義の名の下に西欧的な価値観を西欧以外に押し付ける思想でもあった。端的にいえば、多様な背景を持つ人々の多様性を尊重するような思想ではなかったというのである。啓蒙に対するこのような理解は今日でも見られるが、このような啓蒙批判が、実は「わら人形攻撃」であるという反批判もなされている。わら人形攻撃とは「本人を批判しているつもりで自分がこしらえた全くの別物（わら人形）を批判している事態を指す。つまり、相手の議論を戯画化するあまり、実は誰も採用していないような立場を批判するということだ」［児玉 二〇一二：八四］。反批判をする側によると、アイデンティティの政治の論者たちによる啓蒙批判はわら人形攻撃であり、啓蒙を実際の思想とは乖離した形で描き出して批判しているというのである。そこで本節では、この立場をとるデニス・ラスムッセンの議論を手がかりに、前節で概観した啓蒙批判の妥当性を考察する。

† 啓蒙批判の問題点

ラスムッセンによれば、啓蒙を批判する論調はリベラルや保守主義、多元主義、共同体主義やポストモダニストなど多岐にわたる思想的立場からなされており、こうした批判の痕跡は十八から十九世紀にまで辿ることができるという。さまざまな立場から批判される啓蒙であるが、ラスムッセンは啓蒙に対する批判が、覇権的な普遍主義、盲目的な理性信仰、原子的な個人主義という三点に向けられていると述べる［Rasmussen 2013: 2-3］。

まず、啓蒙の思想が持つ覇権的な普遍主義とは、政治や道徳に関して、個別のローカルな文化や歴史の文脈を超えて普遍的な真理が存在すると考えることを指す。普遍を志向することにより、人々の歴史的・文化的な差異や多様性は軽視するか無視されてしまう。啓蒙が実際にはヨーロッパの思想であることを考えれば、普遍への志向がヨーロッパ中心主義と結びつき、ヨーロッパ以外の文化が排除される危険な排他性に結びつくというのである。次に、盲目的な理性信仰とは、啓蒙の論者たちがほとんど信仰に近い形で理性を過信していることを指す。この批判はしばしば、理性が進歩や人間の幸福度を向上させるという信念とも結びついて語られるという。最後に、原子的個人主義とは、啓蒙の思想が個人と個人的権利を重視し、共同体の中の関係性に組み込まれた個人像を否定する考えを指す。個人は利己的だとみなされ、人々の生に意味を与えるような価値や道徳規範は評価されない。それゆえに啓蒙の思想は、人々が愛着を持ち、他のメンバーとの関係性の中で暮らしていくような、健全な共同体の思想とは相反するものであるとされる。

だが、啓蒙を批判する論者たちがしばしば啓蒙の特質として言及する上記の論点は、彼らが取り上げたい思想家と特徴を取り出し投影してみせているものであって、啓蒙の中心にいたとされる思想家たちの哲学を見ても見出すことはできないことが、十八世紀啓蒙思想の研究者たちから指摘されている［Outram 2019; Rasmussen 2013; Schmidt 2000］。例えばJ・G・A・ポーコックは複数の啓蒙（enlightenments）が多元的に生じていたと主張し、啓蒙の時代にはきわめて多様な思想があったことを述べている。本書に収められた論考にも示されているが、啓蒙の時期は長くとらえることができ、またその内実も多様なのである。

また啓蒙を批判する論者たちは、ひとつの思想的な運動としての大文字で始まる啓蒙（the Enlightenment）があったという前提で議論するが、そもそも十八世紀ヨーロッパの思想を研究対象とする研究者の間でも、啓蒙の定義は定まっていない。例えば啓蒙の思想史研究者として知られるドリンダ・ウートラムは、啓蒙についての概説書の冒頭で、啓蒙の定義がいかに困難であるかを説明した上で、「啓蒙を一連の相互に連動し合い、時にいがみ合う問題や論争として理解すること」が助けになると述べている［Outram 2019: 3］。すなわち、啓蒙は明確な理想や目的、特徴を持つ知的な運動ではないのである。また、そもそも「啓蒙」という呼称自体が十九世紀終盤になってから定着したことが判明しており、そのような単一的な思想運動としての啓蒙の概念は、啓蒙の多様性を無視するものとして使われることが多いので役に立たないという指摘もある［Rasmussen 2013: 6; Schmidt 2000: 737-741］。

さらに啓蒙がその後の時代にもたらしたインパクトについても研究者の判断は分かれている。一方で、啓蒙を批判する現代の論者たちから、啓蒙がヨーロッパにおいて決定的な影響力を持つ思想であったことを前提として批判を行なうが、実際には啓蒙が持ったインパクトは限定的であり、啓蒙を経て劇的に変化したことはなかったという指摘がある［Schmidt 2000: 747］。他方で、例えばウートラムのように、啓蒙は散発的ではあってもヨーロッパ外にまでインパクトを与えたと考える者もいる［Outram 2019:3］。啓蒙が持ったインパクトについては、「劇的な変化」をどの程度の変化と見るか、またどのような変化が決定的に生じたのかの解釈が研究者によって異なっているのである。

前節で見たように、一九九〇年代に政治思想研究を含む多くの著作で当然のように語られていた啓蒙の姿は、西洋近代を決定づけた思想運動だったというものだった。だが、啓蒙の時代の研究者たちは啓蒙の多様性を示し、啓蒙が強い一貫性を持ってはいなかったことを明らかにしてきた。さらに、その後の時代に残した知的遺産についての評価も分かれている。そのため、啓蒙を普遍主義や合理主義によって特徴づける定義の有用性が、今日では疑わしいことをここでは確認しておこう。

†なぜこのような誤解が生じたか

では、なぜ現代のアイデンティティや文化、脱植民地化をめぐる政治理論において、啓蒙についてのこのような誤解が広まり、広く共有されることになったのだろうか。以下では、いくつかの可能性を考察したい。

まず、ウートラムは第二次世界大戦後の学術界において、大きな影響力を持ったテオドア・アドルノとマックス・ホルクハイマー、ユルゲン・ハーバーマス、そしてミシェル・フーコーらの研究が、現代社会を分析する際の出発点として啓蒙を用いていることを指摘し、彼らの啓蒙の用い方が誤解を広めた可能性があるという［Outram 2019: 5-7］。例えば、アドルノとホルクハイマーは『啓蒙のプロジェクト』（一九四七）において、啓蒙は人々が迷信や神話などから解放され、数学的な真理に基づく合理性を通じて自由を獲得することを目指していたが、これは人間が自然や他の人間を合理的に支配することに結びついたと述べる。このように迷信や神話、啓示といったものが啓蒙の合理主義によって克服されたことにより、結果として啓蒙はホロコーストに抵抗することができなかったと彼らは考える。

さらにもうひとつの可能性は、カントが「啓蒙とは何か」（一七八四）と題した論考を書いたことである。カントはこの論考の中で「啓蒙とは人間を未成年状態から抜け出ることである」と定義した。近代哲学者の中でも最も重要な哲学者の一人であるカントによるこの説明が啓蒙のマニフェストとして理解され、カントが啓蒙思想の代表格とみなされたのだろう。また「差異の政治」の論者たちの思想には、フーコーの影響が色濃く見られるが、フーコーが『性の歴史』といった著作を通じて、知識が持つ権力性を明るみに出したことはジェンダーやエスニシティの研究者にとって、きわめて大きなインパクトを持った。フーコーは、人間主義的（humanitarian）で進歩的な啓蒙が、実際には支配と統制の強化に至ったことを示した。このように知の権力性を説いたとして彼らが注目したフーコーが、カントの「啓蒙とは何か」を、啓蒙を定義する著作とみなした。これにより、カントが啓蒙を代表する哲学者と考えられるようになった可能性も指摘されている［Outram 2019: 7］。

加えて現代政治理論の文脈では、ロールズが『正義論』で、カントやヒュームのような啓蒙の代表的な思想家に依拠して議論を展開していることも一因と言えるだろう。このことから、ロールズは正義論を通じていわゆる「啓蒙のプロジェクト」の展開に寄与していると考える者もあっただろう。だがロールズはその後、『政治的リベラリズム』（一九九三）ではっきりと、彼が擁護する政治的リベラリズムは「いわゆる啓蒙のプロジェクトが目指すような、理性に基礎付けられるが包括的でもない哲学的に世俗的な原理」を目指すものではないと述べている点も忘れてはならない［Rawls 1993: xviii］。

以上のように、啓蒙に対してしばしばなされる批判には、啓蒙が持つ特徴とされる普遍主義、理性信仰、個人主義に対するものが多い。だが、これらの批判から描き出される啓蒙は、批判する側が自分たちに都合の良いように構築した啓蒙の姿である。啓蒙の時期は始まりも終わりも曖昧であり、それゆえに啓蒙の哲学者とみなされる思想家も数多く存在する。だからこそ啓蒙の内実は多様で、啓蒙は単純に定義できるものではない。そのため、啓蒙に対する批判の多くは的外れであるどころか、そもそも特定の的になるような啓蒙もないのである。すると、**1**で概観したアイデンティティの政治思想研究の文脈でなされた啓蒙批判は、やはりわら人形攻撃のようである。そうだとしたら、啓蒙批判は根拠を欠いているので、批判として成立していないと退けてしまえばよいのだろうか。

3　啓蒙の使い道

†啓蒙批判は何を問題視していたか

ここまで見てきたように、啓蒙を批判する論者は複雑で多様性に富み、長い時間にわたって展開された啓蒙を単純化して論じていた上に、どこにもないような啓蒙の姿を描き出していたとされる。このような思想史研究からの反論は真摯に受け止めなければならず、アイデンティティの政治の文脈で啓蒙を批判していた論者は、啓蒙批判が間違った攻撃対象に対する攻撃であったことを自覚し反省はすべきである。だがそれでもなお、あえて啓蒙を批判する理由が彼らにはある。彼らの本来の問題意識を示すために、1で取り上げたアイデンティティの多様性の積極的承認を求める論者たちが、啓蒙批判を通じて何をしようとしていたのか、彼らが問題にする不正義が何であったかを思い出してみよう。

まず、1でとりあげた論者のいずれも多様性の排除という不正義を問題にしていた。性別や出自、国籍、人種、性的指向や障碍の有無等、人々の間にはさまざまな違いがあり、こうしたアイデンティティの多様性から、それぞれの人が経験する抑圧や差別は異なるのに、こうした差異の多様性が現在の政治や社会には反映されていず、不正義が温存されている。日本的に言えば「普通」とされている価値や道徳が支配的であり、どのような人も出自や置かれた状況にかかわらず、画一的に平等な個人として扱うことにより、アイデンティティの多様性が抑圧されていることが問題なのである。

次に、いずれの論者も欧米中心主義という不正義を批判していた。理性を持つ人であれば誰でも受け入れることができる合理的な価値や道徳、またそれを良しとする考え方は、実際には西洋的な合理性を非西洋に押し付ける効果を持った。とりわけポストコロニアリズムの研究は、非西洋地域に住む人々のローカルな知恵や知見が、合理性の名の下に排除・抑圧されてきたことを明らかにしてきた。西洋的な合理性が非西洋にも当てはまると考えることは傲慢ではないのかと、啓蒙を批判する論者たちは、欧米以外の人々の声に耳を傾けることの重要性を説いていた。

これらの不正義にどのように対処し、不正義の是正を目指すかにはさまざまな道筋がある。本章ではあえて啓蒙の理念、すなわち世界を「知」の光で照らすことで人間や社会を偏見や迷信、魔術から解放することが人類の繁栄につながるという啓蒙の理念を用いる道筋を考察したい。すなわち、アイデンティティの政治が目指す多様性、多元性、差異の尊重は、必ずしも啓蒙と対立するものではない。このことを次に示したい。

† 多様性の排除という不正義と啓蒙

まず、多様性の排除という不正義から考えよう。ブライアン・バリーはリベラルな平等主義の研究で知られるイギリスの哲学者である。バリーは『文化と平等』（二〇〇一）において、多文化主義を擁護する政治思想を厳しく批判した。バリーによれば、啓蒙はあらゆる人を平等に処遇し、すべての人に同等の権利を与えるという普遍的な権利を支持するが、普遍的権利を批判し多文化主義を擁護する者たちは、文化やアイデンティティ集団ごとに異なる権利（differentiated rights）を付与することを支持する。これらの思想家たちは自由や平等といった理念の実現と、文化的権利の承認が両立すると主張するが、バリーの観点ではこれらは両立不可能である。人々をその背景やアイデンティティの多様性にかかわらず平等に処遇することでこそ、自由と平等は保障されるのである。バリーはこのように主張し、「啓蒙のプロジェクト」の代表的存在とみなされるロールズの正義論を擁護すると宣言したうえで、多文化主義に対する激しい批判を展開する［Barry 2001: 16］。

これに対して、多文化主義の政治思想研究で最も有名な研究者の一人であるカナダのウィル・キムリッカ（一九六二－）は、啓蒙についてバリーへの反論とも言える見解を述べている。彼は「啓蒙的コスモポリタニズムからリベラルなナショナリズムへ」と題した論考において、コンドルセの議論に依拠しながら次のように述べる。啓蒙の理念を受け継ぐ理論家たちは、人々が文化や伝統から解放されることによってはじめて自立した自由な個人となると考えた［Kymlicka 2001: 203］。したがって、文化やネイションへの帰属意識は非合理的なものであり、克服されるべき対象であった。それゆえに、国籍や人種、文化や宗教といった特殊性を超えてあらゆる人間がお互いに義務を負うというコスモポリタニズムが啓蒙の必然的な帰結となる。そのため、十八世紀の啓蒙の思想家の中には、国境開放を唱えた者も多かった［Kymlicka 2001: 215-216］。だが今日のリベラルな思想家たちに国境解放を支持する者は少ない。実は今日のリベラルな思想家たちの多くは、文化やネイションの境界の内側にいることを暗黙の前提として立論しているのである。このように指摘した上でキムリッカは、啓蒙のコスモポリタニズムと、しばしばその対極にあると考えられるナショナリズムとは両立可能であると主張する［Kymlicka 2001: 218-220］。単に特定の文化やアイデンティティから解放されることを啓蒙のコスモポリタニズムの条件と考えるのではなく、外国人排斥や植民地主義といった不正義に抵抗する心の状態としてコスモポリタニズムを定義するならば、ネイションや文化への帰属意識を持ちながらコスモポリタンであることが可能になるというのである。

キムリッカはこの議論を通じて、ネイションや文化に由来する集団的アイデンティティを前提とした政治の形態のもとにおいてこそ、啓蒙が重視する自由や自立、民主主義といった諸価値が最もよく実現することができると述べる。キムリッカが議論するように、どのような条件下でこうした啓蒙の理念を実現できるのかを考えるならば、文化などのアイデンティティを捨象するのではなく、むしろ受容し承認していくことが有効であるということもできる。すると、啓蒙の意義は、多様性の排除に結びつき多文化主義の政治思想と対立するものではなく、人々の多様性を受け入れる思想にもなりうるのである。

†西洋の優越という不正義と啓蒙

次に、啓蒙を批判する反啓蒙論者が啓蒙を用いて反対してきたものに、ヨーロッパ中心主義や西洋の優越、すなわち西欧の文化や価値が優れており、他の地域の文化よりも秀でたものだという考え方がある。これらの傾向は、歴史的には植民地主義という形で表出した。優越的な自己理解を持ち、他の文化を下に見ているからこそ、ヨーロッパは植民地支配を実行に移したとポストコロニアリズムの思想家たちは指摘する［Ivison 2002: ch.2］。

このような西洋が他の地域よりも優れているという自己理解は、二十一世紀に入ってもさまざまな場面で見られる。例えば、ライラ・アブー＝ルゴドは「ムスリム女性に救援は必要か？」（二〇〇二）と題された論考で、二〇〇一年九月十一日のアメリカ同時多発テロへの報復としてアメリカがアフガニスタンを攻撃し始めた際に、アフガニスタンの女性を救い出すことがこの攻撃の正当化のひとつの理由として示されたことを批判的に論じている。この論考のなかでアブー＝ルゴドは、当時のブッシュ大統領夫人のスピーチなどに触れ、ムスリム女性を自由にすることを目指して攻撃がなされているとアメリカ人が主張し、ムスリム女性を救い出す必要性から攻撃を正当化するとき、「救い出す」ことが何を意味しているのかと問いかける。それはムスリムの女性たちがアメリカ人のようになることを意味しているのだろうか。タリバンは確かに女性の自由を抑圧するような政策をとっているが、そのような状況下から女性たちを救い出し、アメリカ的な価値観を身につけることが救いとなるのだろうか。むしろこれは、同化を求めていることにはならないか。ムスリム女性の文化の違いを認めるのであれば、アメリカ的な自由とは異なるイスラム的な自由や救いがありうることも考慮すべきではないかというのである。

アブー＝ルゴドの議論はアメリカの攻撃正当化に見られる傲慢を糾弾するものであるが、西欧中心主義・優越主義はヨーロッパの外に暮らす人々によっても維持され再生産されている。音楽やファッションなど、内容を吟味することなく、ヨーロッパのものだから優れたものであると考える傾向は、今の日本にもあるだろう。われわれが当然のものとして受け止めている知識のあり方は実は西欧中心主義的なものの見方に支えられており、明示的にではないにしても暗黙のうちに、西欧以外の視点は退けられるか、あるいは劣等なものとみなされている。ポストコロニアリズム研究は、かつて植民地だった地域で今も西欧の価値や文化が特権的な地位を占めていることを問題視し、西欧をより優れたものとみなす考え方を変えるために、かつて植民地だった地域に暮らす人々の考え方を変えることで脱植民地化を目指すことの必要性も主張している［Ivison 2002: ch.2］[4]。

そうだとすると、西洋の優越にともなう不正義を問題視するポストコロニアリズムの議論は、西欧中心主義的な知識のあり方を変え、それぞれの地域に根ざしたローカルで多様な知識や多様な人々の言葉にも耳が傾けられるようにして、さまざまな知識や視点も尊重される社会の実現を求めている。この点についても、知識をもって伝統や偏見からの解放を目指すことを啓蒙の理念として捉えるならば、ポストコロニアリズムの思想が求める社会と啓蒙とは、共鳴する部分も出てくるといえるだろう。

おわりに

本章では、いわゆるアイデンティティの政治をめぐる議論から見た啓蒙について考察した。肌の色や性別、出自や障碍の有無といった人々の違いを積極的に社会や政治の問題とし、人々の差異を積極的に承認していこうとする思想家たちの間では、啓蒙を諸悪の根源とみなす見方が広まっていた。とりわけ、啓蒙の特徴として嫌われていたのが、合理性、普遍性、欧米中心主義である。啓蒙は欧米の政治・哲学研究で今も強い影響力を持っており、普遍的なシティズンシップの概念や科学的な理性を通じて、人々の多様性を公的な場から排除する機能を持つと非難されてきた。

このような啓蒙批判はかつて共通了解となっていた時期もあったが、十八世紀ヨーロッパの思想研究者たちは、この批判の矛先が向くような啓蒙は存在しないことを示した。啓蒙は、長い期間にわたってさまざまな地域で散発的に生じてきたものであり、また当時の思想家の間でも対立や議論があるので、単純に啓蒙を定義することはできない。それゆえに、啓蒙を批判する論者たちが指摘する特徴を持つ啓蒙の思想家は実は存在しない。彼らが啓蒙を批判するとき、彼らは存在しない啓蒙という怪物的な像を作り上げて批判していたのである。

だが、このことは啓蒙批判を展開してきた論者たちの議論の意義を全面的に否定するものとは言えないことを本章では主張した。啓蒙を批判することで彼らが何を問題としていたのかを考えると、彼らは多様性の排除という不正義、そして西洋の優越という不正義の存在を示そうとしていた。本章では、知をもって偏見や個人を束縛するような伝統から人々を解放するという啓蒙の理念を改めて見直すと、啓蒙は批判者たちが指摘したように人々の多様性を排除する思想とは言い切れず、より包摂的な社会の実現に結びつく可能性も持ちうる。本章では啓蒙が持つこうした側面を示すことを試みた。

(1) グレイは啓蒙の理念を体現する役立たずな哲学の例として、ロールズとカントの名前を挙げている。グレイの批判に反論し、ロールズとカントのリベラリズムの意義を擁護する議論として、井上［二〇〇四、二〇一五］がある。

(2) 政治思想の分野に限れば、いわゆるポストモダン思想の影響を強く受けたラディカル・デモクラシーの議論に同様の傾向がある。例えばMouffe［1993］を参照。

(3) なおハーディングは啓蒙の科学的理性が持つこの側面を批判するが、他方で、啓蒙の科学哲学はきわめて民主的なものと考えることもできるとして、啓蒙の肯定的側面も認めていることにも留意したい。彼女がこのように考えるのは、啓蒙の理想は人々の社会的階層や人種などではなく、科学的な手法が知識の信頼性を保証するからである［Harding 2000: 245］。ハーディングは啓蒙のこの側面は評価しており、ローカルな知識を取り入れた、より民主的な科学のあり方を提唱している。

（4） このような知識をめぐる不正義を指す言葉が、イギリスの認識論哲学者ミランダ・フリッカーによる著書 *Epistemic Injustice*（2007）で知られるようになった「認識的不正義」である。フリッカーの議論の意義について日本語で読める文献として、佐藤［二〇一九］がある。

▩参考文献

井上達夫（二〇〇四）「リベラリズムの再定義」『思想』九六五号、八―二八頁。

井上達夫（二〇一五）『リベラルのことは嫌いでも、リベラリズムは嫌いにならないでください――井上達夫の法哲学入門』毎日新聞出版。

児玉聡（二〇一二）『功利主義入門』筑摩新書。

佐藤邦政（二〇一九）「解釈的不正義と行為者性――ミランダ・フリッカーによる解釈的不正義の検討を中心に」『倫理学年報』六八号、二四七―二六一頁。

Abu-Lughod, L.（2002）“Do Muslim Women Really Need Saving?：Anthropological Reflections on Cultural Relativism and Its Others,” *American Anthropologist*, 104（3）, 783–790. https://www.jstor.org/stable/3567256

Barry, B.（2001）*Culture and Equality: An Egalitarian Critique of Multiculturalism*, Polity Press.

Fricker, M.（2007）“Epistemic Injustice: Power and the Ethics of Knowing,” *Epistemic Injustice: Power and the Ethics of Knowing*, Oxford University Press.

Gray, J.（1995）*Enlightenment's Wake : Politics and Culture at the Close of the Modern Age*, Routledge.

Harding, S.（2000）“Gender, Development, and Post-Enlightenment Philosophies of Science,” *Decentering the Center: Philosophy for a Multicultural, Postcolonial, and Feminist World*（Issue 3, pp. 240–261）.

Ivison, D.（2002）*Postcolonial Liberalism*, Cambridge University Press.

Ivison, D.（2020, November 10）*Postcolonialism*, Encyclopedia Britannica. https://www.britannica.com/topic/

postcolonialism
Kymlicka, W.（2001）*Politics in the Vernacular : Nationalism, Multiculturalism and Citizenship*, Oxford University Press.（W・キムリッカ『土着語の政治――ナショナリズム・多文化主義・シティズンシップ』岡崎晴輝ほか訳、法政大学出版局、二〇一二年）
Mouffe, C.（1993）*The Return of the Political*, Verso.（シャンタル・ムフ『政治的なるものの再興』千葉眞ほか訳、日本経済評論社、一九九八年）
Outram, D.（2019）*The Enlightenment*, 4th edition, Cambridge University Press.
Rasmussen, D. C.（2013）*The Pragmatic Enlightenment*, Cambridge University Press.
Rawls, J.（1971）*A Theory of Justice*, Belknap press of Harvard University Press.（ジョン・ロールズ『正義論　改訂版』川本隆史ほか訳、紀伊国屋書店、二〇一〇年）
Rawls, J.（1993）*Political Liberalism*, Columbia University Press.（ジョン・ロールズ『政治的リベラリズム　増補版』神島裕子ほか訳、筑摩書房、二〇二二年）
Said, E. W.（1978）*Orientalism*, Pantheon books.（E・W・サイード『オリエンタリズム　上・下』今沢紀子訳、平凡社、一九九三年）
Said, E. W.（1994）*Culture and Imperialism*, Chatto & Windus.（E・W・サイード『文化と帝国主義1』大橋洋一訳、みすず書房、一九九八年、『文化と帝国主義2』大橋洋一訳、みすず書房、二〇〇一年）
Schmidt, J.（2000）“What is Enlightenment Project?” *Political Theory*, 28(6), 734–757.
Young, I. M.（1995）“Polity and Group Difference: A Critique of Universal Citizenship,” R. Beiner ed., *Theorizing Citizenship*, State University of New York Press pp. 175–207.（I・M・ヤング「政治体と集団の差異――普遍的シティズンシップの理念に対する批判」施光恒訳、『思想』八六七号、一九九六年、九七－一二八頁）
Young, I. M.（2022）*Justice and the Politics of Difference*, Revised edition, Princeton University Press.（I・M・ヤング

『正義と差異の政治』飯田文雄ほか訳、法政大学出版局、二〇二〇年）
Young, R. J. C.（2003）*Postcolonialism: A Very Short Introduction*, Oxford University Press.（R・J・C・ヤング『ポストコロニアリズム』本橋哲也訳、岩波書店、二〇〇五年）

【付記】本研究は上廣倫理財団からの研究助成を受けた。

コラム5

啓蒙と女性

石川涼子

啓蒙思想における女性の位置付けは、啓蒙に内在する矛盾を示す重要な問題である。本書でも考察してきたように、啓蒙の思想は人間が持つ理性の力に裏打ちされた普遍的な人間の本性を重視し、知の力をもって人々を偏見や迷信から解放することを目指してきた。現代のわれわれの感覚からすれば、このような思想は男女間の不平等を克服する方向に向くべきだと考えられるかもしれない。だが啓蒙は一方では誰にでも見出すことができる合理性や理性の普遍性を称揚したにもかかわらず、他方では女性を男性から区別することに多大なエネルギーを注いだのである。

例えば、ルソーは『エミール』(一七六二)で、堕落した社会のなかでも自然人としてあることを目指した教育の方法を説いた。ルソーはエミールと名付けた架空の男児の教師という立場から自然本性を発現させる教育のあり方を論じ、人はしばしば堕落した社会の影響を受けてその自然本性が歪められてしまうが、適切な教育によって社会の悪影響を防ぎ、自然の発育に任せれば、生まれながらの本性を発現させることができると述べる。ここでは、自然本性は知的で創造的な自立に必要な目指すべき善いものとして描き出されている。

だが、ルソーが女性について語る時、女性は自然本性ゆえに男性に従属的であるとされる。ルソーは、エミールの結婚相手として理想的な架空の女性ソフィにふさわしい教育がどのようなものかも論じている。ルソーは女性に優れた長所があることにも触れるが、「抽象的、理論的な真理の探究、諸科学の原理、公理の探究、観念を一般化するようなことはすべて、女性の領分にはない」［ルソー 一九六四:八七］と述べ、女性に固有の使命は子どもを産み家族を世話することであり、また女性は男性に依存し服従するように生まれついていると言う。この対比に見られるように、女性の自然本性は、しばしば男性から女性を区別し、女性を感情的で非理性的、そして男性よりも劣等な存在として特徴づけるために用いられた。

また啓蒙の時代におけるジェンダー観は、当時の産業構造の変化も反映していた。十八世紀には、中産階級の女性は家庭という領域での労働に従事するようになっていた。家庭が女性の領域であるという考え方はそれ以前にも存在したが、啓蒙の時代に現れたのは、こうした考えについて当時発展を遂げた医学の知見を踏まえて、医学的な「証拠」で裏付けることにより科学的に正当化しようとする動きだったとウートラムは指摘する[Outram 2019: 99]。例えばある解剖学の研究は、女性の脳が男性よりも小さいことから、女性が知的な活動に不向きであると主張した。啓蒙の思想は理性と知の力を信じたが、その信念の強さゆえに、学問を通じて得られた新しい知識が女性についての偏見を強化することもあった。

このように、女性の位置付けは啓蒙の思想に内在する矛盾を示すものだった。この矛盾を啓蒙の時代の中にありながら鋭く示した著作として、メアリ・ウルストンクラフトによる『女性の権利の擁護』（一七九二）がある。啓蒙の思想はあらゆる人間が理性や徳を備えていることを主張するが、女性は男性と同等の理性を持たないとして、男性と女性それぞれに別の徳があると考える思想家たちがいる。それに対してウルストンクラフトは、この考え方が理性を通じて到達できる普遍的な価値によって人々を解放するという啓蒙の核心にある理念と対立しており、矛盾していることを指摘したのである。この著作は今日のフェミニズム思想にも大きな影響を与えたことで知られているが、ウートラムによればウルストンクラフトの著作の革新性は、啓蒙の矛盾をついたまさにこの点にある[Outram 2019: 93]。

したがって啓蒙の思想家たちは、人々の普遍的な権利に関心を持っていたのにもかかわらず、先に触れたウルストンクラフトを例外として、女性に対する理解はしばしば偏見に満ちていた。それゆえに、啓蒙の思想が目指していた偏見や誤謬からの「解放」は、今日私たちが考えるような男女間の不平等を是正する解放には必ずしも結びついていなかったのである。

■参考文献

Outram, D.（2019）*The Enlightenment*, 4th edition, Cambridge University Press.
ルソー（一九六四）『エミール（下）』今野一雄訳、岩波文庫。

あとがき

髙山裕二

本書は、二〇一九年三月に早稲田大学を退職された佐藤正志先生のご退職を言祝ぐために編まれたものです。ここでは、本書を企画するに至った経緯について少し説明し、結びに代えたいと思います。

最初は二〇一八年春、佐藤研究室出身者数名が集まって、論集を企画しました。その際に方向性を二つ決めました。一つは、単なる（論文をただ集めた）論文集にしないということです。つまり、テーマとしてまとまりを持った一つの単行本にするということです。もう一つは、思想史のアプローチを基調にしながらも、研究室に集まった人たちの関心の多様性を反映させ、「現代」に何かしら語りかける政治思想の形を提示するということです。

翌年三月、佐藤先生の最終講義に参加した（＝連絡のついた）人に声をかけ、最初の研究会を開きました。そこで、前述の方向性に合致し、これまで研究室で取り組んできた核心的テーマでもある「啓蒙」を、共通テーマにすることに決めました。続いて、参加者から執筆希望者を募り、同年夏に各自が報告を行ないました。ただ、その後の COVID-19 流行のため、一年半ほど研究会がストップし、企画の火は消えかかりました。

ところが、なんとか感謝をかたちにしようという想いで、二〇二一年五月にオンライン上で研究会を再開し、企画の火がまた灯りました。その後、何度か報告や意見交換を重ねました。その間に、出版元を探し、ナカニシヤ出版にお願いすることになりました。編集者の石崎雄高さんの前で企画の趣旨をプレゼンし企画書を提出したところ、石崎さんは本企画の趣旨をご理解くださり、出版を快くお引き受けくださいました。思いがけない幸運です。これでなんとか火を絶やさずにゴールできると安堵したものです。

本書は、お互いの原稿を読んでコメントを出し合って作り上げたという意味で、共同研究の成果です。とはいえ、それぞれが独立した論考であることに変わりなく、各章のつながりは十分とはいえません。また、執筆者が少ない割には多種多様なテーマを扱っているとはいえ、啓蒙というテーマで論じるべき項目は網羅できていません。たとえば、ジェンダーや植民地主義・人種主義、スコットランド啓蒙はかろうじてコラムで触れたものの、科学アカデミーやサロン文化（公共圏）の役割などは扱えていません。他に扱うべきだった思想家も多くいます。ただ、その理由の多くは物理的な制約によるもので、執筆者がこれらを重視していないわけではもちろんありません。

最終的に、執筆者は八名（うちコラム執筆一名）になりましたが、研究会には佐藤先生やディドロ研究の田原恭輔さん（パリ第一大学）をはじめ、今回執筆していない方々にも参加していただきました。研究会で皆さんからいただいたコメントは、本書の隅々に反映されているかと思います。この場を借りて感謝を申し上げます。また、学術図書の刊行が非常に厳しい出版状況のなか、本書がこのようなかたちで日の目を見ることができたのは、ひとえに編集者の石崎さんのご理解とご協力のおかげです。心より御礼を申し上げます。

最後になりますが、これまで私たちがなんとか研究活動を続けてこられたのは、佐藤正志先生による「啓蒙」の賜物です。執筆者一同、懐深く様々なテーマを受け容れご指導くださった先生の学恩に深く感謝するとともに、末長くお元気で、今後もご教示いただけることを願ってやみません。

マ　行

ヤ　行

ラ　行

サ　行

タ　行

ナ　行

ハ　行

マ　行

ヤ　行

ラ　行

事項索引

ア　行

カ　行

人名索引

『レオ・シュトラウスの政治哲学――『自然権と歴史』を読み解く』〔共著〕（ミネルヴァ書房, 2019年), 『よくわかる政治思想』〔共著〕（ミネルヴァ書房, 2021年), 『ルソー論集　ルソーを知る、ルソーから知る』〔共著〕（中央大学出版部, 2021年), 他。
〔担当〕3章, コラム2

＊髙山裕二（たかやま・ゆうじ）
1979年生まれ。早稲田大学大学院政治学研究科博士後期課程修了。政治学（政治思想）専攻。明治大学政治経済学部准教授。博士（政治学)。『憲法からよむ政治思想史』（有斐閣, 2022年), 『よくわかる政治思想』〔共編著〕（ミネルヴァ書房, 2021年), “Beyond ‘civil religion’ – on Pascalian influence in Tocqueville”（*History of European Ideas*, 48 (5), 2022), 他。
〔担当〕5章, あとがき

＊和田泰一（わだ・たいち）
1975年生まれ。早稲田大学大学院政治学研究科博士後期課程単位取得満期退学。政治学（政治思想）専攻。摂南大学法学部准教授。『政治思想の知恵――マキャベリからサンデルまで』〔共著〕（法律文化社, 2013年), 「ホッブズにおける存在」（『摂南法学』55号, 2018年), 他。
〔担当〕まえがき, 6章

▩執筆者紹介（五十音順，＊は編者）

石川涼子（いしかわ・りょうこ）

1976 年生まれ。早稲田大学大学院政治学研究科博士後期課程修了。政治学（政治思想）専攻。立命館大学国際教育推進機構准教授。博士（政治学）。「文化的多数派による文化防衛の正当性」（『思想』1173 号，岩波書店，2022 年），他。

〔担当〕7 章，コラム 5

上田悠久（うえだ・はるひさ）

1989 年生まれ。早稲田大学大学院政治学研究科博士後期課程修了。政治学（政治思想）専攻。茨城大学人文社会科学部講師。博士（政治学）。『〈助言者〉ホッブズの政治学』（風行社，2021 年），他。

〔担当〕2 章，コラム 1

隠岐理貴（おき・まさたか）

1982 年生まれ。テュービンゲン大学哲学部博士課程修了。哲学専攻。Dr. phil. *Kants Stimme. Eine Untersuchung des Politischen bei Immanuel Kant* (Duncker & Humblot, 2016), "The Proper Task of Kantian Politics: The Relationship between Politics and Happiness" (Krasnoff, Madrid, Satne eds. *Kant's Doctrine of Right in the 21st Century*, University of Wales Press, 2018),「世界市民の声――カントにおける言論の自由の法的基礎」（『年報政治学』2012-II 号），他。

〔担当〕4 章，コラム 3

隠岐－須賀麻衣（おき－すが・まい）

1985 年生まれ。早稲田大学大学院政治学研究科博士後期課程修了。政治学（政治思想）専攻。国士舘大学政経学部講師。博士（政治学）。「魂への配慮と他者の統治」（『西洋古典研究会論集』第 30 号，2022 年），「時を超えるギリシアの民主主義」（『世界思想』第 49 号，2022 年），"An Invitation from Plato" (C. Ferella and C. Breytenbach eds., *Paths of Knowledge*, Edition Topoi, 2018)，他。

〔担当〕1 章

小田英（おだ・あきら）

1984 年生まれ。早稲田大学大学院政治学研究科博士後期課程修了。政治学（政治思想）専攻。日本学術振興会特別研究員（PD）。博士（政治学）。『宗教改革と大航海時代におけるキリスト教共同体――フランシスコ・スアレスの政治思想』（文生書院，2017 年），他。

〔担当〕コラム 4

関口佐紀（せきぐち・さき）

1990 年生まれ。早稲田大学大学院政治学研究科修士課程修了。政治学（政治思想）専攻。早稲田大学政治経済学術院助手。修士（政治学）。

政治思想と啓蒙——その光と影——

2023年3月31日　初版第1刷発行

編者　和田泰一
　　　髙山裕二
発行者　中西良

発行所　株式会社　ナカニシヤ出版
〒606-8161　京都府左京区一乗寺木ノ本町15
TEL (075) 723-0111
FAX (075) 723-0095
http://www.nakanishiya.co.jp/

Ⓒ Taichi WADA 2023（代表）

印刷／製本・モリモト印刷

＊落丁本・乱丁本はお取り替え致します。

ISBN978-4-7795-1729-7　Printed in Japan

◆本書のコピー，スキャン，デジタル化等の無断複製は著作権法上での例外を除き禁じられています。本書を代行業者等の第三者に依頼してスキャンやデジタル化することはたとえ個人や家庭内での利用であっても著作権法上認められておりません。

ショアあるいは破滅のリズム
―現代思想の視角―　［エポック1］［エポック2］

山下尚一

ホロコーストを理解できるのか。過去と現在はどのような関係にあるのか。ホロコースト映画の金字塔『ショア』を現代思想の視点から読み解き、戦争／ホロコーストを根源的なレベルで問う。

各二七〇〇円＋税

存在肯定の倫理Ⅱ
生ける現実への帰還

後藤雄太

生まれること、死ぬことを、ありのまま肯定することは可能か？　がん告知、中絶、若者の孤独……。「正義」の強迫観念を振り解き、活き活きとした生を取り戻すための、逞しき応用倫理学の挑戦。

二八〇〇円＋税

近代イギリス倫理思想史

柘植尚則

道徳・人間・社会という三つの大テーマを巡る議論の流れに、ホッブズやロックをはじめとする多士済々の思想家たちを位置づけ、近代イギリス倫理思想の全貌を描き出す待望の概論書。

三八〇〇円＋税

正義は時代や社会で違うのか
―相対主義と絶対主義の検討―

長友敬一

正義には、共通し揺るがぬ「核」があるだろうか？　プラトンからロールズまで、正義論の歴史を辿り、絶対主義と相対主義の長き相克の先にある、「人類共通の価値はあるか」という真の問いに迫る。

二六〇〇円＋税

＊表示は二〇二三年三月現在の価格です。